새로운 도서,
다양한 자료
동양북스 홈페이지에서 만나보세요!

www.dongyangbooks.com
m.dongyangbooks.com

홈페이지 도서 자료실에서 학습자료 및 MP3 무료 다운로드

PC

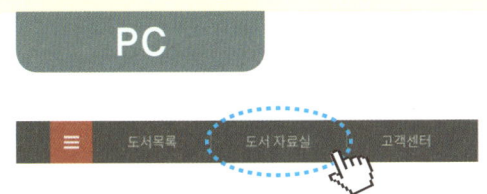

❶ 홈페이지 접속 후 **도서 자료실** 클릭
❷ 하단 검색 창에 검색어 입력
❸ MP3, 정답과 해설, 부가자료 등 첨부파일 다운로드
　* 원하는 자료가 없는 경우 '요청하기' 클릭!

MOBILE

* 반드시 '인터넷, Safari, Chrome' App을 이용하여 홈페이지에 접속해주세요. (네이버, 다음 App 이용 시 첨부파일의 확장자명이 변경되어 저장되는 오류가 발생할 수 있습니다.)

❶ 홈페이지 접속 후 ≡ 터치

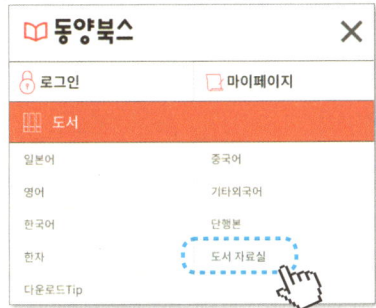

❷ 도서 자료실 터치

❸ 하단 검색창에 검색어 입력
❹ MP3, 정답과 해설, 부가자료 등 첨부파일 다운로드
　* 압축 해제 방법은 '다운로드 Tip' 참고

미래와 통하는 책

가장 쉬운 독학
일본어 첫걸음
14,000원

버전업! 굿모닝
독학 일본어 첫걸음
14,500원

일단 합격하고 오겠습니다
JLPT 일본어능력시험 N3
26,000원

일본어 100문장 암기하고
왕초보 탈출하기
13,500원

가장 쉬운 독학
중국어 첫걸음
14,000원

가장 쉬운 중국어
첫걸음의 모든 것
14,500원

일단 합격 新HSK
한 권이면 끝! 4급
24,000원

중국어
지금 시작해
14,500원

영어를 해석하지 않고
읽는 법
15,500원

미국식
영작문 수업
14,500원

세상에서 제일 쉬운
10문장 영어회화
13,500원

영어회화
순간패턴 200
14,500원

가장 쉬운 독학
베트남어 첫걸음
15,000원

가장 쉬운 독학
프랑스어 첫걸음
16,500원

가장 쉬운 독학
스페인어 첫걸음
15,000원

가장 쉬운 독학
독일어 첫걸음
17,000원

동양북스 베스트 도서

THE
GOAL 1
22,000원

인스타
브레인
15,000원

직장인, 100만 원으로
주식투자 하기
17,500원

당신의 어린 시절이
울고 있다
13,800원

놀면서 스마트해지는 두뇌 자극
플레이북 딴짓거리 EASY
12,500원

죽기 전까지
병원 갈 일 없는 스트레칭
13,500원

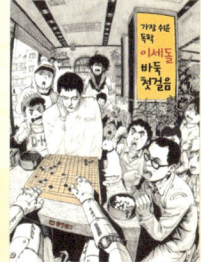
가장 쉬운 독학
이세돌 바둑 첫걸음
16,500원

누가 봐도 괜찮은 손글씨 쓰는
법을 하나씩 하나씩 알기 쉽게
13,500원

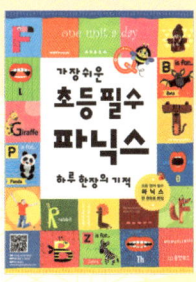
가장 쉬운 초등 필수 파닉스
하루 한 장의 기적
14,000원

가장 쉬운 알파벳 쓰기
하루 한 장의 기적
12,000원

가장 쉬운 영어 발음기호
하루 한 장의 기적
12,500원

가장 쉬운 초등한자 따라쓰기
하루 한 장의 기적
9,500원

세상에서 제일 쉬운
엄마표 생활영어
12,500원

세상에서 제일 쉬운
엄마표 영어놀이
13,500원

창의쑥쑥 환이맘의
엄마표 놀이육아
14,500원

동양북스
www.dongyangbooks.com
m.dongyangbooks.com

   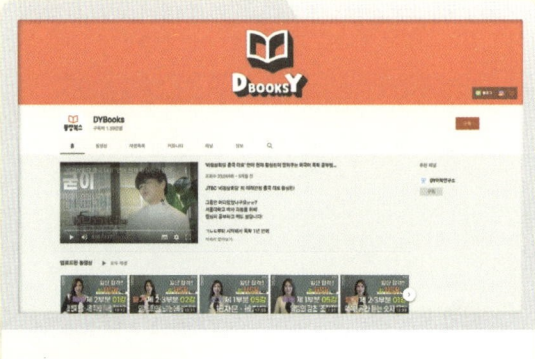

동양북스는 모든 외국어 강의영상을 무료로 제공하고 있습니다.
동양북스를 구독하시고 여러가지 강의 영상 혜택을 받으세요.

동양북스 포스트에서 다양한 도서 이벤트와
흥미로운 콘텐츠를 독자분들에게 제공합니다.

일본어뱅크
일본어 작문

혼다 미호 저

초급

동양북스

일본어뱅크
일본어 작문 초급

초판 4쇄 2021년 3월 10일

지은이	혼다 미호
발행인	김태웅
편 집	길혜진, 이선민
디자인	남은혜, 신효선
마케팅	나재승
제 작	현대순

발행처	㈜동양북스
등 록	제 2014-000055호
주 소	서울시 마포구 동교로22길 14 (04030)
구입문의	전화 (02)337-1737 팩스 (02)334-6624
내용문의	전화 (02)337-1762 dybooks2@gmail.com

ISBN 978-89-8300-941-8 13730

ⓒ 혼다 미호 , 2012

▶ 본 책은 저작권법에 의해 보호받는 저작물이므로 무단 전재와 복제를 금합니다.
▶ 잘못된 책은 구입처에서 교환해드립니다.
▶ 도서출판 동양북스에서는 소중한 원고, 새로운 기획을 기다리고 있습니다.

http://www.dongyangbooks.com

「何のために外国語を勉強してるの?」と聞かれたら、「それはその国の人と交流するため」と答える人は少なくないでしょう。楽しく交流するためには、その国の言葉で聞いたり話したり、読んだり書いたりできることが必要ですよね。目を合わせて話したり、電話でその人の話す外国語を聞いたり、メールを読んだり、書いたり…。外国語ができるようになれば友達が増えるだけでなく自分の世界が広がることを感じることができるでしょう。

最近は文字で何かを伝えることが多くなりました。例えばＳＮＳの発展でその可能性は無限に広がっています。その時に重要なことは「書く」という作業です。自分自身のこと、身の回りで起こったささいなこと、そして今自分が感じていることなどを「書く」ことで伝えることがこれからますます大切になっていくでしょう。このように皆さんも「書く」ことでぜひ自身のネットワークを広げていってください。

この教材は自分のことを人に伝えることを目的にした作文教材です。大学生や社会人として十分に使用可能な語彙を使用しつつ、初級(日本語能力試験Ｎ３、４、５程度)の文型表現を使って自分自身のことを最大限に伝えることができるように工夫しました。

この教材で「書く」楽しみを感じてくだされば幸いです。

最後に、この本の出版に際してご苦労いただいた瞳養ブックスの皆様に深くお礼を申し上げます。

著者　本多美保

'무엇을 위해서 외국어 공부를 합니까?'라는 질문을 받았을 때 '그 나라의 사람들과 교류하기 위해서입니다.'라고 대답하는 사람들이 적지 않을 것입니다. 즐겁게 교류하기 위해서는 그 나라의 말로 듣고 말하고 읽고 쓸 수 있는 능력이 필요하지요. 눈을 마주 보고 이야기하거나 전화로 그 사람이 말하는 외국어를 듣거나 메일을 읽고 쓰거나 하는……. 외국어를 할 수 있게 되면 친구가 늘어날 뿐만 아니라 자신의 세계 또한 넓어지는 것을 느낄 수 있을 것입니다.

최근에는 문자로 무언가를 전하는 일이 많아졌습니다. 예를 들어 SNS의 발전으로 인해 그 가능성은 무한히 넓어지고 있습니다. 그때 중요한 것은 [쓰기]라는 작업입니다. 자기자신에 대한 것, 자기 주위에서 일어난 소소한 일, 그리고 지금 자신이 느끼고 있는 것 등을 [쓰기]로 전하는 일은 앞으로 더욱더 중요해지겠지요. 이처럼 여러분도 [쓰기]를 통해 자신의 네트워크를 넓혀 가기 바랍니다.

이 교재는 [쓰기]를 통해 자신의 이야기를 다른 사람들에게 전하는 것을 목적으로 한 작문교재입니다. 대학생과 사회인으로서 충분히 사용 가능한 어휘를 쓰면서 초급 (일본어능력시험 N3, 4, 5 정도)의 문형 표현을 통해 자기 자신을 최대한 전달할 수 있도록 만들었습니다.

이 교재로 [쓰기]의 즐거움을 느껴주셨으면 좋겠습니다.

끝으로 이 책의 출판을 위해 수고해주신 동양북스의 여러분께 심심한 감사의 말씀을 전합니다.

저자 혼다 미호

이 책의 페이지구성

01 워밍업

우선 각 과의 작문 목표를 확인하고 작문의 흐름을 파악합니다. 이 단계에서는 작문의 흐름을 가볍게 확인하면 됩니다. 또한 포인트가 되는 문형을 문장 단위로 제시하였습니다.

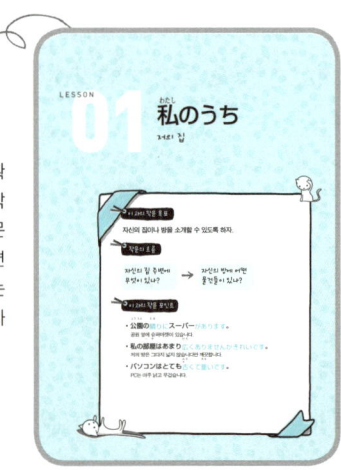

02 작문 맛보기

각 과의 모델 작문을 제시하였습니다. 나중에 포인트 확인에서 다루게 될 문법 사항에는 색으로 따로 표시하였습니다.

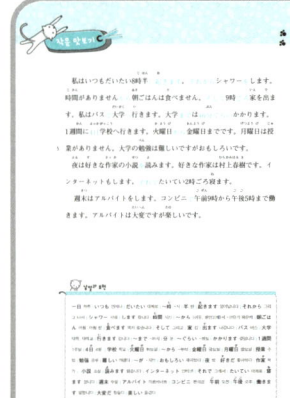

03 포인트 확인

작문 엿보기에 나온 문법 포인트를 예문과 함께 제시하였습니다. 그 중에서도 특히 주의해야 하는 점을 TIP으로 따로 정리하였습니다.

04 표현 플러스

작문 엿보기에 나온 표현 중 작문을 쓸 때 알아두면 도움이 되는 표현을 예문과 함께 모았습니다.

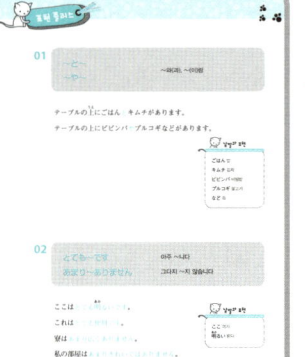

05 기본 연습

각 과마다 작문에 필요한 연습을 다음과 같이 단계별로 제시하였습니다.

A 문형에 익숙해지기 위한 패턴 연습입니다.

B 문형을 올바르게 이해했는지 확인하는 오문 정정 연습입니다.

C~D 본격적인 작문에 앞서 배운 문형을 사용하여 자유롭게 문장을 쓰는 연습입니다. 또한, 과에 따라 빈칸을 올바른 조사로 채우거나 문장을 완성하는 연습을 추가하였습니다.

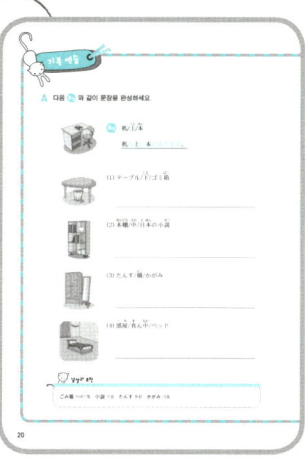

06 어휘력 UP

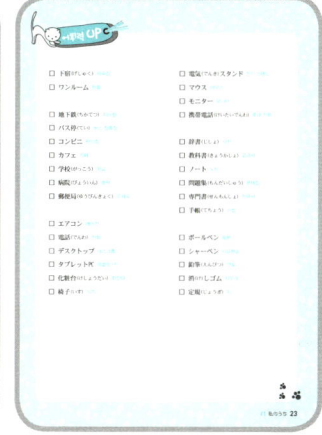

작문에서 문법 못지않게 중요한 것이 바로 어휘입니다. 각 과의 주제와 관련되는 어휘를 정리하였습니다. 본격적인 작문 연습에 앞서 참고해 주시기 바랍니다.

07 실천 연습

작문의 흐름을 다시 한번 확인하고 본격적인 자유 작문에 도전합니다. 작문의 흐름을 확인하여 짜임새 있는 일본어 작문을 연습할 수 있습니다.

08 복습 체크

2~3과마다 배운 문형을 다시 점검하는 연습입니다. 한국어를 일본어로 번역하는 연습이므로 한국어와 일본어의 차이점을 의식하면서 번역하면 더욱 효과적입니다.

부록

작문 엿보기의 본문 해석, 기본 연습과 복습 체크의 정답을 수록하였습니다. 또 자유 작문을 위한 단어 색인을 〈가나다 순〉과 〈오십음도 순〉으로 나누어서 수록하였습니다.

목차

머리말 · 03
이 책의 구성 · 04
목차 · 06
이 책의 학습 구성 · 08

LESSON 01 私のうち 저의 집 · 13

LESSON 02 私の一日 저의 하루 · 25

복습 체크 LESSON 01, 02 · 37

LESSON 03 週末 주말 · 39

LESSON 04 趣味 취미 · 49

복습 체크 LESSON 03, 04 · 61

LESSON 05 思い出の旅行 추억의 여행 · 63

LESSON 06 記念日 기념일 · 75

복습 체크 LESSON 05, 06 · 87

LESSON 07 もし1,000万ウォンあったら… · 89
만일 천만 원이 있으면……

| LESSON 08 | 最悪(さいあく)な日(ひ) 최악의 날 · 103 |

복습 체크 LESSON 07, 08 · 115

| LESSON 09 | 休(やす)みの計画(けいかく) 휴가 계획 · 117 |

| LESSON 10 | 驚(おどろ)いたこと 놀랐던 일 · 127 |

복습 체크 LESSON 09, 10 · 137

| LESSON 11 | 将来(しょうらい)の夢(ゆめ) 장래의 꿈 · 139 |

| LESSON 12 | みんなに紹介(しょうかい)したいもの · 151
모두에게 소개하고 싶은 것 |

| LESSON 13 | 習(なら)い事(ごと)の歴史(れきし) 과외의 역사 · 163 |

복습 체크 LESSON 11, 12, 13 · 175

부록

작문 맛보기 해석 · 178
기본 연습 및 복습 체크 정답 · 182
색인(가나다 순) · 193
색인(오십음도 순) · 218

과	과 제목	학습 목표	문법 및 표현
LESSON 01	私のうち 저의 집	자신의 집이나 방을 소개할 수 있도록 하자.	**문법** 01 장소에 물건이 있습니다 ～에 ～이/가 있습니다 　　물건은 장소에 있습니다 ～은/는 ～에 있습니다 　　★위치를 나타내는 표현 02 い형용사 03 な형용사 04 (い・な형용사)ですが (い・な형용사)です 　　～니다만 ～니다 05 い・な형용사의 て형 　　★い・な형용사 て형 활용 **표현** 01 ～と～, ～や～ ～와(과), ～(이)랑 02 とても～です 아주 ～니다 　　あまり～ありません 그다지 ～지 않습니다
LESSON 02	私の一日 저의 하루	나의 하루에 대하여 쓸 수 있도록 하자.	**문법** 01 동사 ます형 　　★동사 ます형 활용 02 종지형 から [이유, 원인] ～(해)서, ～(이)기 때문에 03 조사 に(에), を(을/를), へ・に(에, (으)로) 　　で(에서, (으)로), から(부터), まで(까지) 　　★여러 가지 조사 04 시간의 범위 　　★시간의 범위 **표현** 01 접속사 それから(그리고 나서), そして(그리고), 　　それで(그래서) 02 부사 ごろ(쯤), ぐらいに(쯤, 정도)
LESSON 03	週末 주말	주말이나 휴일에 했던 일에 대하여 쓸 수 있도록 하자.	**문법** 01 동사 과거형 　　★동사 과거형 활용 02 동사 ます형 (ます빼고) に行きます ～러 갑니다 03 い・な형용사, 명사문 과거형 　　★い・な형용사, 명사문 과거형 활용 **표현** 01 ～と, ～といっしょに ～와/과, ～와/과 같이 02 ここ(여기), そこ(거기), あそこ(저기, 거기)

과	과 제목	학습 목표	문법 및 표현
LESSON 04	趣味(しゅみ) 취미	자신(가족)의 취미에 대하여 쓸 수 있도록 하자.	**문법** 01 동사 기본형, ない형 　★동사 기본형, ない형 활용 02 동사 기본형, ない형 ことです ～은/는 것입니다 03 동사 기본형 のは～です ～것은 ～ㅂ니다 　동사 기본형 のが～です ～것이/을 ～ㅂ니다 04 동사 기본형, ない형 と～ ～면 ～, ～(하)지 않으면～ 05 명사 がほしいです ～을/를 갖고 싶습니다 　동사 ます형(ます빼고) たいです ～(하)고 싶습니다 06 い형용사(い빼고) くなります 　な형용사(だ빼고), 명사 になります 　～(하)게 됩니다, ～(해)집니다 **표현** 01 特(とく)に 특히, 특별히 02 よく 자주
LESSON 05	思(おも)い出(で)の旅行(りょこう) 추억의 여행	제일 추억에 남은 여행에 대하여 쓸 수 있도록 하자.	**문법** 01 동사 て형, た형 　★동사 て형, た형 활용 02 ～ています ～(하)고 있습니다, ～(아/어) 있습니다 03 ～て～ ～(하)고～, ～아(어)서 　～てから～ ～(하)고 나서～ 04 ～たり～たりします ～(하)기도 하고～(하)기도 합니다 　～(하)거나 ～(하)거나 합니다 05 い형용사 (い빼고) くて～, な형용사 (だ빼고) 　で～ [이유, 원인] ～(해)서～, ～(이)기 때문에～ **표현** 01 ～という 명사　～라고 하는～ 02 여행의 일정에 관한 표현 　★일정 관련 표현 03 동작의 순서
LESSON 06	記念日(きねんび) 기념일	기억에 남은 기념일에 대하여 쓸 수 있도록 하자.	**문법** 01 あげます 줍니다 　くれます 줍니다 　もらいます 받습니다 02 ～てあげます ～해 줍니다 　～てくれます ～해 줍니다 　～てもらいます ～해 받습니다 03 동사 て형 ほしいです ～(해)주기를 바랍니다, 　～(해)주었으면 좋겠습니다, ～(했)으면 좋겠습니다 04 동사 ます형 (ます빼고) ながら～ ～(하)면서～ **표현** 01 なんと 놀랍게도 02 「～」と言(い)います '～'라고 말합니다

과	과 제목	학습 목표	문법 및 표현
LESSON 07	もし1,000万ウォンあったら… 만일 천만 원이 있으면……	천만 원이 있으면 무엇을 하고 싶은지 쓸 수 있도록 하자.	**문법** 01 동사 て형 みたい ~(해)보고 싶다 02 동사 た형 ことがある ~(한) 적이 있다 03 동사 た형 ら~ ~한 후에~, (만일) ~면~ 04 정중형, 보통형 　★정중형, 보통형 활용 05 보통형 と思う ~고 생각한다 06 명사 の時~, 동사 보통형 時~ ~시절, ~때 **표현** 01 また 또한 02 동사 보통형 だけでも~ 　~기만 해도~, ~것만이라도~
LESSON 08	最悪な日 최악의 날	운이 나빴던 어느 날에 생긴 일들에 대하여 쓸 수 있도록 하자.	**문법** 01 동사 て형 しまう ~(해) 버리다, ~(하)고 말다 02 동사 기본형 予定だ ~(할) 예정이다 03 동사 기본형 ことができる ~ 수 있다, ~ 줄 알다 04 보통형 ので, 명사なので, な형용사 (だ빼고) なので 　~(이)므로, ~기 때문에 **표현** 01 でも 하지만 02 結局 결국
LESSON 09	休みの計画 휴가 계획	여름휴가나 겨울휴가 계획에 대하여 쓸 수 있도록 하자.	**문법** 01 동사 의지형 　★동사 의지형 활용 02 동사 의지형 と思う ~하려고 생각한다 03 동사 기본형, ない형 つもりだ ~(할, 하지 않) 생각이다, ~(할, 하지 않) 작정이다 01 동사 기본형 ために ~(하)기 위해서 　명사 のために ~을/를 위해서 01 동사 ない형 (い빼고) ければならない 　~(해)야 한다, ~(하)지 않으면 안 된다 **표현** 01 조수사 一つ, 二つ... 한 개, 두 개... 02 ~か (どうか) ~(은/는)지 (아닌지)

과	과 제목	학습 목표	문법 및 표현
LESSON 10	驚いたこと 놀랐던 일	여행지나 텔레비전에서 본 것 중에 놀랐던 일에 대하여 쓸 수 있도록 하자.	**문법** 01 동사 て형 はいけない ~(하)면 안 된다 02 동사 て형 もいい ~(해)도 된다 　동사 ない형 (い빼고) くてもいい ~(하)지 않아도 된다 03 보통형 し~ので [이유] ~(이)고 ~(이)기 때문에 04 동사 ます형 (ます빼고) そうだ, い형용사 (い빼고) そうだ, な형용사 (だ빼고) そうだ 　~일(할) 것 같다, ~(아/어) 보인다 **표현** 01 このような (이런), そのような (그런), あのような (저런, 그런) 02 동사 ます형 (ます빼고) 方 ~(하)는 방법
LESSON 11	将来の夢 장래의 꿈	장래의 꿈이나 목표에 대하여 쓸 수 있도록 하자.	**문법** 01 명사 になる ~이/가 되다 02 동사 た형, い형용사 보통형 ことに, な형용사 (だ빼고) なことに ~게도 03 동사 가능형 　★동사 가능형 활용 04 동사 기본형 ようになる ~(하)게 되다 05 동사 ない형 で ~(하)지 않고, ~(하)지 말고 **표현** 01 명사 をきっかけに ~을/를 계기로 02 何よりも 무엇보다도
LESSON 12	みんなに紹介したいもの 모두에게 소개하고 싶은 것	모두에게 소개하고 싶은 것에 대하여 쓸 수 있도록 하자.	**문법** 01 명사 といえば ~라고 하면 02 동사 수동형 　★동사 수동형 활용 03 보통형 そうだ (~다, 라)고 한다 04 보통형, 명사 だけでなく~も, な형용사(だ빼고)なだけでなく~も ~뿐만 아니라 ~도 **표현** 01 その中でも 그 중에서도 02 そのため 그로 인하여, 그 때문에

과	과 제목	학습 목표	문법 및 표현
LESSON 13	習(なら)い事(ごと)の歴史(れきし) 과외의 역사	지금까지 배운 것에 대한 역사에 대하여 쓸 수 있도록 하자.	**문법** 01 동사 사역형 ★동사 사역형 활용 02 동사 사역 수동형 ★동사 사역 수동형 03 보통형 ようだ, 명사 のようだ, な형용사 (だ빼고)なようだ ~(인, 한)것 같다, ~(인, 한)듯하다 04 보통형 のに, 명사 なのに, な형용사 (だ빼고)なのに ~(인)데, ~(인)데도, ~(인)데도 불구하고 **표현** 01 すっかり 완전히 02 せっかく 모처럼

이 책을 쓰실 선생님께

★〈포인트 확인〉에서 각 품사의 어간은 다음과 같이 나타냈습니다.

예) ます형 (ます)

★부록의 〈기본 연습&복습 체크 정답〉 중 자유 작문에 해당하는 연습의 정답은 (정답 예)로 제시하였습니다.

★〈실천 연습〉의 정답은 따로 부록에 기재하지 않았습니다.

★자유롭게 작문할 수 있도록 학습자가 표현하고자 하는 단어나 표현은 본 책의 어휘력 UP이나 색인 등을 활용하도록 권해 주시기 바랍니다.

LESSON

私のうち
저의 집

이 과의 작문 목표
자신의 집이나 방을 소개할 수 있도록 하자.

작문의 흐름

자신의 집 주변에 무엇이 있나? 자신의 방에 어떤 물건들이 있나?

이 과의 작문 포인트

- 公園の隣りにスーパーがあります。
  공원 옆에 슈퍼마켓이 있습니다.
- 私の部屋はあまり広くありませんがきれいです。
  저의 방은 그다지 넓지 않습니다만 깨끗합니다.
- パソコンはとても古くて重いです。
  PC는 아주 낡고 무겁습니다.

　私のうちはマンションの10階にあります。うちの前に大きい公園があります。公園の隣りにスーパーがあります。
　私の部屋はあまり広くありませんがきれいです。部屋に机やベッドがあります。机はドアの左側にあります。机の上にノートパソコンと小さい本立てがあります。パソコンはとても古くて重いです。机の右側に本棚があります。本棚の中に日本語の本や料理の本などがたくさんあります。私は料理が下手ですが好きです。ベッドは窓のそばにあります。ベッドの上にくまのぬいぐるみがあります。白くてかわいいくまです。部屋の真ん中にはテーブルがあります。そのテーブルの上にコップや化粧品があります。

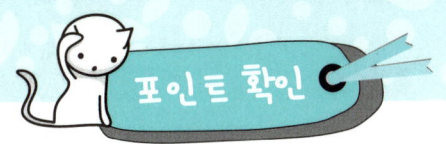

01

| 장소 | に | 물건 | があります | ~에 ~이/가 있습니다 |
| 물건 | は | 장소 | にあります | ~은/는 ~에 있습니다 |

マンションの近くに川があります。
ベッドは本棚の横にあります。

 낱말과 표현

近く 근처
川 강, 시내
テレビ (テレビジョン의 준말) 텔레비전

Tip

Ⓐ 部屋にテレビがあります。
Ⓑ テレビは部屋にあります。

어순이 달라질 경우 예문처럼 Ⓐ의 'が'를 Ⓑ에서는 'は'로 쓰는 것이 자연스럽습니다.

또한 사람이나 애완동물의 경우에는 'います'를 씁니다.

★ 위치를 나타내는 표현

上	위	下	밑, 아래	前	앞	後ろ	뒤
右側	오른쪽	左側	왼쪽	中	안, 속	外	밖
横/隣り/そば	옆	近く	근처	間	사이	真ん中	한가운데

 포인트 확인

02 い형용사

私の部屋はきたないです。(긍정)

私の部屋はきたなくありません。(부정)

これは新しいベッドです。(명사 수식)

 낱말과 표현

きたない 더럽다, 지저분하다
新しい 새롭다

い형용사

- □ 大きい 크다 ⟷ 小さい 작다
- □ 広い 넓다 ⟷ 狭い 좁다
- □ 明るい 밝다 ⟷ 暗い 어둡다
- □ 軽い 가볍다 ⟷ 重い 무겁다
- □ 新しい 새롭다 ⟷ 古い 낡다, 오래되다
- □ 近い 가깝다 ⟷ 遠い 멀다
- □ 高い 비싸다 ⟷ 安い 싸다
- □ 高い 높다 ⟷ 低い 낮다
- □ いい 좋다 ⟷ 悪い 나쁘다
- □ かっこいい 잘생기다
- □ かわいい 귀엽다
- □ きたない 더럽다, 지저분하다
- □ 忙しい 바쁘다
- □ うるさい 시끄럽다

03 な 형용사

03-1

私の寮の部屋は きれいです。(긍정)

私の寮の部屋は きれいではありません。(부정)

そこは にぎやかな 所です。(명사 수식)

낱말과 표현
- 寮 기숙사
- そこ 거기
- にぎやかだ 시끌벅적하다, 번화하다
- 所 곳

な 형용사
- □ 便利だ 편리하다 ⟷ 不便だ 불편하다
- □ 静かだ 조용하다 ⟷ にぎやかだ 시끌벅적하다, 번화하다
- □ 親切だ 친절하다   □ 暇だ 한가하다   □ 真面目だ 성실하다, 착실하다
- □ きれいだ 깨끗하다, 예쁘다   □ 有名だ 유명하다

03-2

私は料理が得意です。

私はサッカーが下手です。

낱말과 표현
- 得意だ 자신이 있다, 숙달되어 있다
- サッカー 축구

Tip

다음 な형용사를 사용할 경우 조사 が를 씁니다.
- □ 好きだ 좋아하다 ⟷ 嫌いだ 싫어하다
- □ 上手だ 잘하다 ⟷ 下手だ 서투르다
- □ 得意だ 자신이 있다, 숙달되어 있다

 포인트 확인

04 | い・な형용사 ですが い・な형용사 です ～니다만 ～니다

私の部屋は広いですがきたないです。

私の部屋はきれいですが狭いです。

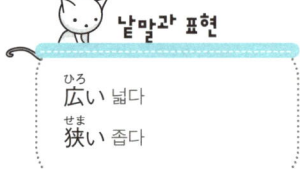 낱말과 표현

広い 넓다
狭い 좁다

05 | い・な형용사 て형

★ い・な형용사 て형 활용

い형용사	広い 넓다 おもしろい 재미있다	広くて 넓고 おもしろくて 재미있고
な형용사	静かだ 조용하다 便利だ 편리하다	静かで 조용하고 便利で 편리하고

私の部屋は広くてきれいです。

寮は静かできれいです。

01

~と~
~や~

~와(과), ~(이)랑

テーブルの上(うえ)にごはんとキムチがあります。

テーブルの上にビビンバやプルコギなどがあります。

 낱말과 표현

ごはん 밥
キムチ 김치
ビビンバ 비빔밥
プルコギ 불고기
など 등

02

とても~です
あまり~ありません

아주 ~니다

그다지 ~지 않습니다

ここはとても明(あか)るいです。

これはとても便利です。

寮はあまり広くありません。

私の部屋はあまりきれいではありません。

 낱말과 표현

ここ 여기
明(あか)るい 밝다

A 다음 보기 와 같이 문장을 완성하세요.

보기 机/上/本
つくえ うえ ほん

机の上に本があります。

(1) テーブル/下/ごみ箱
　　　　した　　ばこ

_____

(2) 本棚/中/日本の小説
　　ほんだな なか にほん しょうせつ

_____

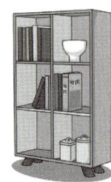

(3) たんす/横/かがみ
　　　　　よこ

_____

(4) 部屋/真ん中/ベッド
　　へや　ま　なか

_____

🐱 낱말과 표현

ごみ箱 쓰레기통 | 小説 소설 | たんす 옷장 | かがみ 거울
　　ばこ　　　　しょうせつ

B 다음 문장의 틀린 부분을 찾아서 바르게 쓰세요.

(1) 私の部屋はきたないではありません。

→

(2) ここは静かなです。

→

(3) ここはきれいくないです。

→

(4) これは新しくじゃありません。

→

(5) 私は歌を得意です。

→

歌 노래

C 다음 보기 와 같이 자유롭게 문장을 만들어 보세요.

1 보기 部屋は(広いですがきたないです。)

(1) 部屋は(　　　　　　　　　　　　　　　　　　　　　　)

(2) ベッドは(　　　　　　　　　　　　　　　　　　　　　　)

(3) テーブルは(　　　　　　　　　　　　　　　　　　　　　)

(4) 本棚は(　　　　　　　　　　　　　　　　　　　　　　　)

2 보기 私の部屋は(広くてきれいです。)

(1) 私のノートパソコンは(　　　　　　　　　　　　　　　　)

(2) 私の大学は(　　　　　　　　　　　　　　　　　　　　　)

(3) 私の部屋は（　　　　　　　　　　　　　　　　　　　　　)

(4) 私の友だちは（　　　　　　　　　　　　　　　　　　　　)

 낱말과 표현

ノートパソコン 노트북 컴퓨터 | 大学 대학, 대학교 | 友だち 친구

- 下宿(げしゅく) 하숙집
- ワンルーム 원룸

- 地下鉄(ちかてつ) 지하철
- バス停(てい) 버스 정류장
- コンビニ 편의점
- カフェ 카페
- 学校(がっこう) 학교
- 病院(びょういん) 병원
- 郵便局(ゆうびんきょく) 우체국

- エアコン 에어컨
- 電話(でんわ) 전화
- デスクトップ 데스크톱
- タブレットPC 태블릿 PC
- 化粧台(けしょうだい) 화장대
- 椅子(いす) 의자

- 電気(でんき)スタンド 전기 스탠드
- マウス 마우스
- モニター 모니터
- 携帯電話(けいたいでんわ) 휴대 전화

- 辞書(じしょ) 사전
- 教科書(きょうかしょ) 교과서
- ノート 노트
- 問題集(もんだいしゅう) 문제집
- 専門書(せんもんしょ) 전문서적
- 手帳(てちょう) 수첩

- ボールペン 볼펜
- シャーペン 샤프펜슬
- 鉛筆(えんぴつ) 연필
- 消(け)しゴム 지우개
- 定規(じょうぎ) 자

자신의 집이나 방을 소개해 보세요.

★ 작문의 흐름

자신의 집 주변에 무엇이 있나? 자신의 방에 어떤 물건들이 있나?

私のうちは _____ にあります。

_____

_____

_____

私の部屋は _____ 。

部屋に _____ があります。

_____

_____

_____

_____

LESSON

私の一日
저의 하루

이 과의 작문 목표
나의 하루에 대하여 쓸 수 있도록 하자.

작문의 흐름
언제 일어나? 그 후에 무엇을 하니? → 밤에는 무엇을 하니? → 주말은 어떻게 지내니?

이 과의 작문 포인트

- 私はいつもだいたい8時半に起きます。
  저는 언제나 대체로 8시 반에 일어납니다.
- 時間がありませんから朝ごはんは食べません。
  시간이 없어서 아침밥은 먹지 않습니다.
- 私はバスで大学へ行きます。
  저는 버스로 대학교에 갑니다.
- 学校までは40分ぐらいかかります。
  학교까지는 40분 정도 걸립니다.

私はいつもだいたい8時半に起きます。それからシャワーをします。時間がありませんから朝ごはんは食べません。そして9時ごろ家を出ます。私はバスで大学へ行きます。大学までは40分ぐらいかかります。
1週間に4日学校へ行きます。火曜日から金曜日までです。月曜日は授業がありません。大学の勉強は難しいですがおもしろいです。
夜は好きな作家の小説を読みます。好きな作家は村上春樹です。インターネットもします。それでたいてい2時ごろ寝ます。
週末はアルバイトをします。コンビニで午前9時から午後5時まで働きます。アルバイトは大変ですが楽しいです。

낱말과 표현

一日 하루 | いつも 언제나 | だいたい 대체로 | ~時 ~시 | 半 반 | 起きます 일어납니다 | それから 그리고 나서 | シャワー 샤워 | します 합니다 | 時間 시간 | ~から [이유, 원인] (해)서, ~(이)기 때문에 | 朝ごはん 아침, 아침 밥 | 食べません 먹지 않습니다 | そして 그리고 | 家 집 | 出ます 나갑니다 | バス 버스 | 大学 대학, 대학교 | 行きます 갑니다 | ~まで ~까지 | 分 분 | ~ぐらい ~정도 | かかります 걸립니다 | 1週間 1주일 | 4日 4일 | 学校 학교 | 火曜日 화요일 | ~から ~부터 | 金曜日 금요일 | 月曜日 월요일 | 授業 수업 | 勉強 공부 | 難しい 어렵다 | ~が ~지만 | おもしろい 재미있다 | 夜 밤 | 好きだ 좋아하다 | 作家 작가 | 小説 소설 | 読みます 읽습니다 | インターネット 인터넷 | それで 그래서 | たいてい 대체로 | 寝ます 잡니다 | 週末 주말 | アルバイト 아르바이트 | コンビニ 편의점 | 午前 오전 | 午後 오후 | 働きます 일합니다 | 大変だ 힘들다 | 楽しい 즐겁다

01 동사 ます형

★ 동사 ます형 활용

	1그룹 동사	2그룹 동사	3그룹 동사
긍정	行きます 갑니다 読みます 읽습니다	見ます 봅니다 起きます 일어납니다	来ます 옵니다 します 합니다
부정	行きません 가지 않습니다 読みません 읽지 않습니다	見ません 보지 않습니다 起きません 일어나지 않습니다	来ません 오지 않습니다 しません 하지 않습니다

学校へ行きます。

学校へ行きません。

テレビを見ます。

テレビを見ません。

 포인트 확인

02 | 종지형 から　[이유, 원인] ~(해)서, ~(이)기 때문에

TIP 문장이 끝난 모든 말 뒤에 'から'를 붙이면 됩니다.

アルバイトは楽しいですから好きです。

あの先生はおもしろいですから人気があります。

낱말과 표현
先生 선생님
人気 인기

03 | 조사 に(에), を(을/를), へ・に(에, (으)로)　で(에서, (으)로), から(부터), まで(까지)

授業は午後2時に終わります。(시간)

朝ごはんを食べます。(동사의 목적)

スーパーへ(に)行きます。(이동의 목적지)

図書館で勉強します。(동작의 장소)

낱말과 표현
終わります 끝납니다
図書館 도서관

地下鉄で通います。(수단)

木曜日から土曜日まで学園祭です。(시간・일수의 범위)

낱말과 표현

- 地下鉄 지하철
- 通います 다닙니다
- 木曜日 목요일
- 土曜日 토요일
- 学園祭 대학 축제

★ 여러 가지 조사

시간	に	에
동사의 목적	を	을/를
이동의 목적지	へ, に	에, (으)로
동작의 장소	で	에서
수단	で	(으)로
시간・일수의 범위	から	부터
	まで	까지

04 시간의 범위

学校(がっこう)まで 30分(さんじゅっぷん)ぐらいかかります。

今日(きょう)の授業(じゅぎょう)は2時間(にじかん)です。

1週間(いっしゅうかん)に3日(みっか)アルバイトをします。

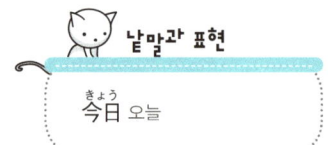

今日(きょう) 오늘

★ 시간의 범위

	시간	일
1	1時間(いちじかん) 1시간	1日(いちにち) 하루
2	2時間(にじかん) 2시간	2日(ふつか)(間(かん)) 이틀
3	3時間(さんじかん) 3시간	3日(みっか)(間(かん)) 사흘
4	4時間(よじかん) 4시간	4日(よっか)(間(かん)) 나흘
5	5時間(ごじかん) 5시간	5日(いつか)(間(かん)) 닷새
6	6時間(ろくじかん) 6시간	6日(むいか)(間(かん)) 엿새
7	7時間(しちじかん) 7시간	7日(なのか)(間(かん)) 7일간 1週間(いっしゅうかん) 일주일

	분
10	10分(じゅっぷん) 10분
20	20分(にじゅっぷん) 20분
30	30分(さんじゅっぷん) 30분
40	40分(よんじゅっぷん) 40분
50	50分(ごじゅっぷん) 50분

01 접속사 それから (그리고 나서), そして (그리고), それで (그래서)

朝ごはんを食べます。それから / そして 歯を磨きます。(동작의 순서)

今日は授業がたくさんあります。それで 忙しいです。(원인・이유)

낱말과 표현
- 歯 이
- 磨きます 닦습니다
- たくさん 많이
- 忙しい 바쁘다

02 부사 ごろ (쯤), ぐらいに (쯤, 정도)

父はいつも 7時ごろ(に)家を出ます。(동작하는 시간을 나타낼 때)

7時ぐらいに家を出ます。

낱말과 표현
- 父 아버지
- 家 집

Tip
몇 시인지를 표현할 때 'ごろ' 뒤에는 'に'를 붙이지 않아도 되지만 'ぐらい' 뒤에는 반드시 'に'를 붙여야 합니다.

기본 연습

A 다음 보기 와 같이 문장을 완성하세요.

보기 本/読みます
(○) 本を読みます。
(×) 本を読みません。

(1) 7時/起きます

(○) _____

(2) テレビ/見ます

(×) _____

(3) 朝ごはん/食べます

(○) _____

(4) 図書館/行きます

(×) _____

B 다음 문장의 틀린 부분을 찾아서 바르게 쓰세요.

(1) 今日は学校へ行きませんです。

→

(2) 私は9時起きます。

→

(3) 図書館は静かからいいです。

→

(4) 家まで地下鉄を帰ります。

→

(5) 日本の小説はおもしろいです。それからいつも読みます。

→

帰ります 돌아갑니다, 돌아옵니다

C 다음 보기 와 같이 문장을 완성하세요.

> 보기 (あの店)は(おいしくありません)から行きません。

(1) (　　　　)は(　　　　　　　　)から買いません。
(2) (　　　　)は(　　　　　　　　)から人気がありません。
(3) (　　　　)は(　　　　　　　　)から好きです。
(4) (　　　　)は(　　　　　　　　)から嫌いです。

D 다음 보기 와 같이 알맞은 말을 쓰세요.

> 보기 コンビニ(で)アルバイトをします。

(1) パソコン(　　　　)宿題をします。
(2) 6時ぐらい(　　　　)ごはんを食べます。
(3) バスで駅(　　　　)行きます。
(4) テレビを見ます。(　　　　)寝ます。

 낱말과 표현

店 가게 | 買います 삽니다 | 宿題 숙제 | 駅 역

- ジョギング 조깅
- 散歩(さんぽ) 산책
- 運動(うんどう) 운동
- ヨガ 요가
- ストレッチ 스트레치

- 英会話学校(えいかいわがっこう) 영어 회화 학원
- 日本語学校(にほんごがっこう) 일본어 학원
- スポーツジム 헬스클럽, 스포츠센터
- プール 수영장
- 会社(かいしゃ) 회사

- 新聞(しんぶん) 신문
- 雑誌(ざっし) 잡지
- まんが 만화
- 原書(げんしょ) 원서

- 映画(えいが) 영화
- アニメ 애니메이션
- スポーツ中継(ちゅうけい) 스포츠 중계
- バラエティー番組(ばんぐみ) 버라이어티 프로그램
- ニュース 뉴스

- デート 데이트
- 買(か)い物(もの) 쇼핑
- 山登(やまのぼ)り 등산
- 家庭教師(かていきょうし) 개인 과외 선생, 가정 교사
- ボランティア 자원봉사

- レストラン 레스토랑
- デパート 백화점
- ファーストフード店(てん) 패스트푸드점
- 焼(や)き肉屋(にくや) 불고기집
- 居酒屋(いざかや) 선술집
- 大型(おおがた)スーパー 대형 슈퍼
- 屋台(やたい) 포장마차

- 教会(きょうかい) 교회
- 公園(こうえん) 공원
- 福祉施設(ふくししせつ) 복지시설
- 市民(しみん)センター 시민센터

- 昼(ひる)ごはん 점심 식사
- 晩(ばん)ごはん 저녁 식사

자신의 하루에 대하여 써 보세요.

★ 작문의 흐름

언제 일어나? 그 후에 무엇을 하니? → 밤에는 무엇을 하니? → 주말은 어떻게 지내니?

私はいつも朝 ＿＿＿＿＿＿＿ 起きます。＿＿＿＿＿

＿＿＿＿＿＿＿＿＿＿＿＿＿＿＿＿＿＿＿＿＿＿＿＿

＿＿＿＿＿＿＿＿＿＿＿＿＿＿＿＿＿＿＿＿＿＿＿＿

＿＿＿＿＿＿＿＿＿＿＿＿＿＿＿＿＿＿＿＿＿＿＿＿

夜は ＿＿＿＿＿＿＿＿＿＿＿＿＿＿＿＿＿＿＿＿＿。

＿＿＿＿＿＿＿＿＿＿＿＿＿＿＿＿＿＿＿＿＿＿＿＿

＿＿＿＿＿＿＿＿＿＿＿＿＿＿＿＿＿＿＿＿＿＿＿＿

週末は ＿＿＿＿＿＿＿＿＿＿＿＿＿＿＿＿＿＿＿＿

＿＿＿＿＿＿＿＿＿＿＿＿＿＿＿＿＿＿＿＿＿＿＿＿

＿＿＿＿＿＿＿＿＿＿＿＿＿＿＿＿＿＿＿＿＿＿＿＿

＿＿＿＿＿＿＿＿＿＿＿＿＿＿＿＿＿＿＿＿＿＿＿＿

다음 문장을 밑줄에 주의하여 일본어로 번역해 보세요.

| 방 部屋 | 더럽다 きたない | 여기 ここ | 조용하다 静かだ | 깨끗하다 きれいだ | 이것 これ |
| 새롭다 新しい | 노래 歌 |

1 저의 방은 <u>더럽지 않습니다</u>.

___

2 여기는 <u>조용합니다</u>.

___

3 여기는 <u>깨끗하지 않습니다</u>.

___

4 이것은 <u>새롭지 않습니다</u>.

___

5 저는 <u>노래를 잘 합니다</u>.(得意だ를 써서)

___

낱말과 표현

오늘 今日 | 학교 学校 | 갑니다 行きます | ~시 ~時 | 일어납니다 起きます | 도서관 図書館 | 좋다 いい | 집 家 | 지하철 地下鉄 | 돌아갑니다 帰ります | 일본 드라마 日本のドラマ | 재미있다 おもしろい | 좋아하다 好きだ

6 오늘은 학교에 가지 않습니다.
_____

7 저는 9시에 일어납니다.
_____

8 도서관은 조용하기 때문에 좋습니다.
_____

9 집까지 지하철로 돌아갑니다.
_____

10 일본 드라마는 재미있기 때문에 좋아합니다.
_____

LESSON

週末
しゅう まつ

주말

이 과의 작문 목표

주말이나 휴일에 했던 일에 대하여 쓸 수 있도록 하자.

작문의 흐름

토요일에는 무엇을 했니? → 일요일에는 무엇을 했니? → 어떤 주말이 었니?

이 과의 작문 포인트

- **先週の土曜日は午前11時ごろ起きました。**
  지난 주 토요일은 오전 11시쯤 일어났습니다.
- **それから映画を見に行きました。**
  그리고 나서 영화를 보러 갔습니다.
- **みなさんは歌がとても上手でした。**
  모두 노래를 매우 잘했습니다.

　先週の土曜日は午前11時ごろ起きました。午後2時にデパートの前で友だちに会いました。それから映画を見に行きました。その映画はおもしろくてとても感動的な映画でした。それで少し泣きました。

　日曜日は朝から老人ホームでボランティア活動をしました。そこでお年寄りの方々の食事の介助をしました。それからいっしょに歌を歌いました。みなさんは歌がとても上手でした。私は歌が下手ですから少し恥ずかしかったです。ボランティアは午後5時に終わりました。それから友だちとお酒を飲みに行きました。カラオケにも行きました。カラオケで好きな歌手の歌を何曲も歌いました。そして夜11時にうちに帰りました。

　忙しい週末でした。

낱말과 표현

週末 주말 | 先週 지난 주 | デパート 백화점 | 友だち 친구 | 会いました 만났습니다 | 映画 영화 | とても 매우 | 感動的 감동적 | 少し 조금 | 泣きました 울었습니다 | 日曜日 일요일 | 老人ホーム 양로원, 노인요양시설 | ボランティア 자원봉사 | 活動 활동 | お年寄り 어르신 | ～方々 ~(분)들 | 食事 식사 | 介助 도움 | いっしょに 같이 | 歌いました 불렀습니다 | 恥ずかしい 창피하다 | お酒 술 | 飲みました 마셨습니다 | カラオケ 노래방 | 歌手 가수 | 何曲 여러 곡 | 帰りました 돌아왔습니다

01 동사 과거형

★ 동사 과거형 활용

	1그룹 동사	2그룹 동사	3그룹 동사
긍정	行きました 갔습니다 読みました 읽었습니다	見ました 봤습니다 起きました 일어났습니다	来ました 왔습니다 しました 했습니다
부정	行きませんでした 가지 않았습니다 読みませんでした 읽지 않았습니다	見ませんでした 보지 않았습니다 起きませんでした 일어나지 않았습니다	来ませんでした 오지 않았습니다 しませんでした 하지 않았습니다

週末友だちに会いました。

昨日テレビを見ませんでした。

낱말과 표현
会いました 만났습니다
昨日 어제

02 동사 ます형 ます에 行きます ~러 갑니다

私は図書館へ本を借りに行きます。

雪祭りを見に行きます。

낱말과 표현
借ります 빌립니다
雪祭り 눈 축제

 포인트 확인

03 い・な 형용사, 명사문 과거형

★ い・な형용사, 명사문 과거형 활용

	い형용사	な형용사	명사문
긍정	おいしかったです 맛있었습니다 *よかったです 좋았습니다	静かでした 조용했습니다 便利でした 편리했습니다	先生でした 선생님이었습니다 広い部屋でした 넓은 방이었습니다
부정	おいしくありませんでした おいしくなかったです 맛있지 않았습니다 *よくありませんでした よくなかったです 좋지 않았습니다.	静かではありませんでした 조용하지 않았습니다 便利ではありませんでした 편리하지 않았습니다	先生ではありませんでした 선생님이 아니었습니다 広い部屋ではありませんでした 넓은 방이 아니었습니다

昨日は暑かったです。

先週は暑くありませんでした（暑くなかったです）。

その人はきれいでした。

その人はきれいではありませんでした。

彼は歌手でした。

彼は有名な歌手ではありませんでした。

낱말과 표현

暑い 덥다
その~ 그~
人 사람
彼 그, 그 남자

01 ～と ～와/과
～といっしょに ～와/과 같이

友だちと服を買いに行きました。
家族といっしょに温泉に行きました。

낱말과 표현
服 옷
家族 가족

02 ここ(여기), そこ(거기), あそこ(저기, 거기)

① 지금 있는 장소에 대하여 듣는 사람에게 설명할 때
   (지금 도서관에 있습니다.)

   ここは静かできれいです。

② 자신만 체험한 것, 알고 있는 것을 듣는 사람에게 가르쳐 줄 때
   (지금 방에서 친구와 전화로 이야기하고 있습니다.)

   そこは静かできれいですよ。

③ 같이 체험한 것, 서로 알고 있는 것에 대하여 이야기할 때
   (어제 친구와 새로 지은 도서관에 갔습니다. 오늘 그 도서관에 대하여 친구와 이야기하고 있습니다.)

   あそこは静かできれいでしたね。

A 다음 보기 와 같이 문장을 쓰세요.

보기 本/読みます
(○) 本を読みました。
(×) 本を読みませんでした。

(1) バス/行きます

(×) _____

(2) 11時/寝ます

(○) _____

(3) 歌/歌います

(×) _____

(4) 歯/磨きます

(○) _____

B 다음 문장의 틀린 부분을 찾아서 바르게 쓰세요.

(1) 昨日は8時に起きでした。

→

(2) ごはんを食べるに行きました。

→

(3) これはとても高いでした。

→

(4) そこは静かなでした。

→

(5) テストの成績がいかったです。

→

(6) その料理は安かったでおいしかったです。

→

낱말과 표현

成績 성적 | 安い 싸다

C 다음 보기 와 같이 자유롭게 문장을 만들어 보세요.

1 보기 服を(買いに行きます。)

(1) 恋人に(　　　　　　　　　　　　　　　　　　)

(2) ロッテワールドへ(　　　　　　　　　　　　　)

(3) 昼ごはんを(　　　　　　　　　　　　　　　　)

(4) 学校へ(　　　　　　　　　　　　　　　　　　)

2 보기 その食堂のトンカツは(おいしかったです。)

(1) そのまんがは(　　　　　　　　　　　　　　　)

(2) キムさんの部屋は(　　　　　　　　　　　　　)

(3) パーティーは(　　　　　　　　　　　　　　　)

(4) 山田さんはギターが(　　　　　　　　　　　　)

낱말과 표현

恋人 연인, 애인 | ロッテワールド 롯데월드 | 昼ごはん 점심 식사 | 食堂 식당 | トンカツ 돈가스 | まんが 만화 | パーティー 파티 | ギター 기타

- [ ] ゆっくり休(やす)みます 푹 쉽니다
- [ ] ごろごろします 빈둥빈둥거립니다
- [ ] 約束(やくそく)をします 약속을 합니다
- [ ] 出(で)かけます 외출합니다

- [ ] いい天気(てんき) 좋은 날씨
- [ ] 雨(あめ) 비
- [ ] 曇(くも)り 흐림
- [ ] 雪(ゆき) 눈

- [ ] コンサート 콘서트
- [ ] 展覧会(てんらんかい) 전람회
- [ ] ミュージカル 뮤지컬
- [ ] オペラ 오페라
- [ ] 作品(さくひん) 작품

- [ ] ダンス 댄스
- [ ] ゲーム 게임
- [ ] 恋愛(れんあい) 연애
- [ ] 運転(うんてん) 운전
- [ ] 掃除(そうじ) 청소

- [ ] 怖(こわ)い 무섭다
- [ ] 眠(ねむ)い 졸리다
- [ ] 美(うつく)しい 아름답다
- [ ] すばらしい 굉장하다
- [ ] 珍(めずら)しい 드물다, 희귀하다

- [ ] 痛(いた)い 아프다
- [ ] 照(て)れくさい 쑥스럽다
- [ ] 嬉(うれ)しい 기쁘다
- [ ] 悲(かな)しい 슬프다
- [ ] さびしい 쓸쓸하다

- [ ] 無駄(むだ)だ 쓸데없다
- [ ] 嫌(いや)だ 싫다
- [ ] 不思議(ふしぎ)だ 신기하다
- [ ] すてきだ 멋지다
- [ ] 愉快(ゆかい)だ 유쾌하다
- [ ] 複雑(ふくざつ)だ 복잡하다

- [ ] 退屈(たいくつ)だ 심심하다
- [ ] 特別(とくべつ)だ 특별하다
- [ ] 大変(たいへん)だ 힘들다
- [ ] 幸(しあわ)せだ 행복하다

주말이나 휴일에 했던 것에 대하여 써 보세요.

★ 작문의 흐름

토요일에는 무엇을 했니? → 일요일에는 무엇을 했니? → 어떤 주말이었니?

土曜日は _____。

_____

_____

_____

日曜日は _____。

_____

_____

_____ 週末でした。

LESSON

趣味
しゅみ

추미

이 과의 작문 목표

자신(가족)의 취미에 대하여 쓸 수 있도록 하자.

작문의 흐름

취미는 뭐니? ➡ 첫 번째 취미는? ➡ 두 번째 취미는?

이 과의 작문 포인트

- 私の趣味は音楽を聞くことです。
  저의 취미는 음악을 듣는 것입니다.
- 写真を撮るのは難しいです。
  사진을 찍는 것은 어렵습니다.
- 悲しい時もロックを聞くと元気になります。
  슬플 때도 록을 들으면 기운이 납니다.
- もっとたくさん練習したいです。
  더 많이 연습하고 싶습니다.

　私の趣味は、音楽を聞くことと写真を撮ることです。

　音楽の中でロックが一番好きです。特にアメリカやイギリスのロックをよく聞きます。悲しい時もロックを聞くと元気になります。先日ロックコンサートに行きました。そこで大きい声でいっしょに歌いました。気分がとてもよかったです。ぜひまた行きたいです。

　写真は最近始めました。私はシャッターの音が好きです。シャッターの音を聞くと気分がよくなります。私は人や風景をよく撮りますが、まだ上手ではありません。写真を撮るのは思ったより難しいです。今新しいカメラがほしいです。そして、もっとたくさん練習したいです。

 낱말과 표현

| 趣味 취미 | 音楽 음악 | 聞く 듣다 | 写真 사진 | 撮る 찍다 | ロック 록 | 一番 제일 | 特に 특히, 특별히 | アメリカ 미국 | イギリス 영국 | よく 자주 | 悲しい 슬프다 | ~時 ~때 | 元気だ 기운이 있다 | 先日 요전날 | コンサート 콘서트 | 大きい 크다 | 声 목소리 | 気分 기분 | ぜひ 꼭 | また 또 | 最近 최근 | 始める 시작하다 | シャッター 셔터 | 音 소리 | 風景 풍경 | まだ 아직 | 思ったより 생각보다 | 難しい 어렵다 | 今 지금 | 新しい 새롭다 | カメラ 카메라 | ほしい 가지고 싶다 | もっと 더 | 練習する 연습하다 |

01 동사 기본형, ない형

★ 동사 기본형, ない형 활용

	1그룹 동사	2그룹 동사	3그룹 동사
기본형	行く 가다 読む 읽다	見る 보다 起きる 일어나다	来る 오다 する 하다
ない형	行かない 가지 않다 読まない 읽지 않다	見ない 보지 않다 起きない 일어나지 않다	来ない 오지 않다 しない 하지 않다

02 동사 기본형, ない형 ことです　～은/는, 않는 것입니다

私の趣味は、歌を歌うことです。
母が好きなことは、料理を作ることです。
父が嫌いなことは、あいさつをしないことです。

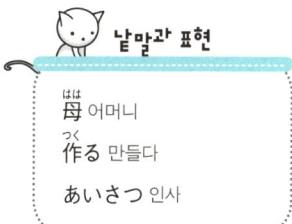

낱말과 표현
母 어머니
作る 만들다
あいさつ 인사

 포인트 확인

03

| 동사 기본형 | のは〜です | 〜것은 〜니다 |
| 동사 기본형 | のが〜です | 〜것이/을 〜니다 |

自転車に乗るのは楽しいです。

中国語を話すのは簡単ではありません。

自転車に乗るのが好きです。

中国語を話すのが下手です。

 낱말과 표현

自転車 자전거
乗る 타다
中国語 중국어
話す 이야기하다, 말하다
簡単だ 간단하다, 쉽다

TIP
'〜のは', '〜のが'의 'の'는 'こと'로 바꿀 수 있지만, 문말에서는 반드시 'こと'를 사용해야 합니다.
○ 私の趣味は自転車に乗ることです。 제 취미는 자전거를 타는 것입니다.
× 私の趣味は自転車に乗るのです。

04 동사 기본형, ない형 と~   ~면 ~, ~(하)지 않으면~

春になると花が咲きます。
私は本を読むと眠くなります。
勉強しないと成績が落ちます。

낱말과 표현

春 봄
花 꽃
咲く 피다
眠い 졸리다
勉強する 공부하다
落ちる 떨어지다

Tip

○ 私は本を読むと眠くなります。 저는 책을 읽으면 졸립니다.
× 私は昨日本を読むと眠くなりました。
× 来年春になると日本に行きたいです。

'A를 하면' 또는 'A가 되면' 항상 'B'의 상태가 된다는 뜻으로 쓰입니다.

05

~을/를 갖고 싶습니다

~(하)고 싶습니다

私は車がほしいです。

私はアメリカに行きたいです。

낱말과 표현
車 차

06

~(하)게 됩니다, ~(해)집니다

冬は果物が高くなります。

祖母は病気でしたが、今は元気になりました。

낱말과 표현
冬 겨울
果物 과일
高い 비싸다
祖母 할머니
病気 병

01 特(とく)に　　　　　특히, 특별히

私(わたし)は映画(えいが)の中(なか)で特(とく)にホラー映画(えいが)が好(す)きです。
私(わたし)は数学(すうがく)の成績(せいせき)が特(とく)にいいです。

낱말과 표현
- ホラー映画(えいが) 공포영화
- 数学(すうがく) 수학

02 よく　　　　　자주

私(わたし)はアメリカのドラマをよく見(み)ます。
弟(おとうと)はよくゲームをします。

낱말과 표현
- ドラマ 드라마
- 弟(おとうと) 남동생
- ゲーム 게임

A 다음 보기 와 같이 문장을 완성하세요.

보기 アメリカ/行く

アメリカへ行きたいです。

(1) 高い車/買う

_____

(2) おもしろい小説/読む

_____

(3) 日本のラーメン/食べる

_____

(4) 有名な会社/働く

_____

낱말과 표현

ラーメン 라면 | 会社 회사 | 働く 일하다

B 다음 문장의 틀린 부분을 찾아서 바르게 쓰세요.

(1) 趣味は映画を見るのです。

　　→

(2) バスで行くは大変です。

　　→

(3) 私はノートパソコンをほしいです。

　　→

(4) 最近暑いになりました。

　　→

(5) 私はお酒を飲むとよく話しました。

　　→

C 다음 보기 와 같이 자유롭게 문장을 만들어 보세요.

1 보기 (本を読む)と眠くなります。

(1) (   )と気分がよくなります。
(2) (   )と病気になります。
(3) (   )と健康になります。
(4) (   )と日本語が上手になります。

2 보기 私の趣味は(本を読むことです。)

(1) 私の趣味は(   )
(2) 弟の趣味は(   )
(3) (   )さんの趣味は(   )
(4) (   )さんの趣味は(   )

낱말과 표현

健康だ 건강하다

- ☐ 読書(どくしょ)をする 독서를 하다
- ☐ コーヒーをいれる 커피를 타다
- ☐ ピアノを弾(ひ)く 피아노를 치다
- ☐ 絵(え)を描(か)く 그림을 그리다
- ☐ お菓子(かし)を作(つく)る 과자를 만들다
- ☐ ドライブをする 드라이브를 하다
- ☐ 編(あ)み物(もの)をする 뜨개질을 하다
- ☐ 釣(つ)りをする 낚시를 하다
- ☐ バイクに乗(の)る 바이크를 타다
- ☐ 旅行(りょこう)する 여행하다
- ☐ サッカーを観戦(かんせん)する
  축구 경기를 관람하다
- ☐ 切手(きって)を集(あつ)める 우표를 모으다
- ☐ 服(ふく)を作(つく)る 옷을 만들다

- ☐ Jポップ 제이팝
- ☐ 洋楽(ようがく) 서양 음악
- ☐ バラード 발라드
- ☐ テクノ 테크노
- ☐ アールアンドビー(R&B) 아르앤드비
- ☐ ヒップホップ 힙합
- ☐ ラップ 랩
- ☐ 演歌(えんか) 트로트

- ☐ スマートフォン 스마트폰
- ☐ 靴(くつ) 신발, 구두
- ☐ 帽子(ぼうし) 모자
- ☐ かばん 가방
- ☐ デジカメ '디지털カメラ'의 준말. 디지털 카메라
- ☐ 恋人(こいびと) 연인, 애인
- ☐ お金(かね) 돈

- ☐ 早(はや)い (시기・시각이) 이르다
- ☐ 遅(おそ)い (시기・시각・속도가) 늦다
- ☐ 寒(さむ)い 춥다
- ☐ 暖(あたた)かい 따뜻하다
- ☐ 涼(すず)しい 시원하다

- ☐ 大好(だいす)きだ 매우 좋아하다
- ☐ 真面目(まじめ)だ 성실하다, 착실하다
- ☐ 必要(ひつよう)だ 필요하다
- ☐ 心配(しんぱい)だ 걱정스럽다
- ☐ 穏(おだ)やかだ 온화하다

자신(가족)의 취미에 대하여 써 보세요.

★ 작문의 흐름

취미는 뭐니? → 첫 번째 취미는? → 두 번째 취미는?

私の趣味は _____ です。

다음 문장을 밑줄에 주의하여 일본어로 번역해 보세요

> 낱말과 표현
>
> 어제 昨日 | 일어납니다 起きます | 밥 ごはん | 먹습니다 食べます | 갑니다 行きます | 매우 とても | 비싸다 高い | 거기 そこ | 시험 성적 テストの成績 | 그 その | 요리 料理 | 싸다 安い | 맛있다 おいしい

1 어제는 8시에 <u>일어났습니다</u>.
_____

2 밥을 <u>먹으러 갔습니다</u>.
_____

3 이것은 매우 <u>비쌌습니다</u>.
_____

4 거기는 <u>조용했습니다</u>.
_____

5 시험 성적이 <u>좋았습니다</u>.
_____

6 그 요리는 <u>싸고 맛있었습니다</u>.
_____

낱말과 표현

취미 趣味 | 영화 映画 | 보다 見る | 버스 バス | 힘들다 大変だ | 노트북 ノートパソコン | 요즘 最近 | 덥다 暑い | 술 お酒 | 마시다 飲む | 이야기를 많이 하다 よく話す

7 취미는 영화를 보는 것입니다.
_____

8 버스로 가는 것은 힘듭니다.
_____

9 저는 노트북을 가지고 싶습니다.
_____

10 요즘 더워졌습니다.
_____

11 저는 술을 마시면 이야기를 많이 합니다.
_____

LESSON

思い出の旅行
추억의 여행

이 과의 작문 목표
제일 추억에 남은 여행에 대하여 쓸 수 있도록 하자.

작문의 흐름

언제, 누구와, 어디에, 어떻게 갔니? → 첫날은 어디에 갔니? 무엇을 했니? → 둘째 날은 어디에 갔니? 무엇을 했니? → 여행의 소감은?

이 과의 작문 포인트

- いろいろな魚が泳いでいました。
  여러 물고기들이 헤엄치고 있었습니다.
- そこでたこ焼きを買って食べました。
  거기서 다코야키를 사서 먹었습니다.
- そこで乗り物に乗ったりお土産を買ったりしました。
  그곳에서 놀이기구를 타기도 하고 선물을 사기도 했습니다.
- 船は思ったより快適で船酔いもしませんでした。
  배는 생각보다 쾌적해서 뱃멀미도 하지 않았습니다.

　私は去年の夏休みに友だち二人と旅行に行きました。二泊三日で日本の大阪へ行きました。お金がありませんでしたから船で行きました。

　一日目は、船に泊まりました。船は思ったより快適で船酔いもしませんでした。

5　次の日の朝、大阪港に到着しました。私たちはまず、海遊館という水族館に行きました。水槽の中でいろいろな魚が泳いでいました。次に、大阪城へ行きました。大阪城はとても大きくて立派でした。

　三日目は、ユニバーサルスタジオで遊びました。そこで乗り物に乗ったりお土産を買ったりしました。それから、道頓堀へ行きました。道

10　頓堀は食べ物の店が多く並んでいて、とてもにぎやかでした。私たちはたこ焼きを買って食べました。少し高かったですが、おいしかったです。

　初めての海外旅行は本当に楽しかったです。

낱말과 표현

思い出 추억 | 旅行 여행 | 去年 작년 | 夏休み 여름 방학 | 二人 두 명 | 二泊三日 2박 3일 | 大阪 오사카(일본 지명) | お金 돈 | 船 배 | 一日目 첫째 날 | 泊まる 묵다, 자다 | 快適だ 쾌적하다 | 船酔い 뱃멀미 | 次の日 다음 날 | 大阪港 오사카 항 | 到着する 도착하다 | まず 우선, 먼저 | 海遊館 가이유칸(오사카 항 근처에 있는 수족관) | 水族館 수족관 | 水槽 수조 | 魚 물고기 | 泳ぐ 헤엄치다 | 大阪城 오사카 성 | 立派だ 훌륭하다 | 三日目 셋째 날 | ユニバーサルスタジオ 유니버설 스튜디오 | 乗り物 놀이기구 | お土産 기념품, 선물 | 道頓堀 도톤보리(오사카 지명) | 食べ物 음식 | 多く 많이 | 並ぶ 줄을 서다 | たこ焼き 다코야키(삶은 문어를 잘게 썰어 밀가루 반죽을 하여 탁구공만한 크기로 구운 것) | 初めての~ 첫 ~ | 海外 해외 | 本当に 정말로

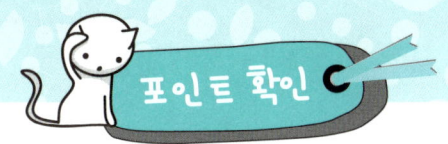

01 동사 て형, た형

★ 동사 て형, た형 활용

	기본형	て형	た형
1그룹 동사	会う 만나다	会って 만나고, 만나서	会った 만났다
	待つ 기다리다	待って 기다리고, 기다려서	待った 기다렸다
	乗る 타다	乗って 타고, 타서	乗った 탔다
	死ぬ 죽다	死んで 죽고, 죽어서	死んだ 죽었다
	読む 읽다	読んで 읽고, 읽어서	読んだ 읽었다
	遊ぶ 놀다	遊んで 놀고, 놀아서	遊んだ 놀았다
	書く 쓰다	書いて 쓰고, 써서	書いた 썼다
	*行く 가다	*行って 가고, 가서	*行った 갔다
	泳ぐ 헤엄치다	泳いで 헤엄치고, 헤엄쳐서	泳いだ 헤엄쳤다
	話す 이야기하다	話して 이야기하고, 이야기해서	話した 이야기했다
2그룹 동사	見る 보다	見て 보고, 봐서	見た 보았다
	起きる 일어나다	起きて 일어나고, 일어나서	起きた 일어났다
3그룹 동사	来る 오다	来て 오고, 와서	来た 왔다
	する 하다	して 하고, 해서	した 했다

 포인트 확인

02 〜ています
~(하)고 있습니다, ~(아/어) 있습니다

妹は今お土産を買っています。(진행)
通りに店が並んでいました。(상태)

낱말과 표현
妹 여동생
通り 길, 거리

03 〜て〜 / 〜てから〜
~(하)고~, ~아(어)서 / ~(하)고 나서~

朝ごはんを食べて新聞を読みました。(동작의 순서)
映画を見て泣きました。(이유, 원인)
ニュースを聞いて驚きました。(이유, 원인)
朝ごはんを食べてから新聞を読みました。(동작의 순서)

낱말과 표현
新聞 신문
驚く 놀라다

> **Tip** '〜て'보다 '〜てから'가 동작의 순서를 더욱 명확하게 나타낼 수 있습니다.

04 ～たり～たりします

~(하)기도 하고 ~(하)기도 합니다, ~(하)거나 ~(하)거나 합니다

休みの日はテレビを見たりゲームをしたりします。
本を読んだり絵を描いたりするのが好きです。

낱말과 표현
- 休みの日 휴일
- 絵 그림
- 描く 그리다

05

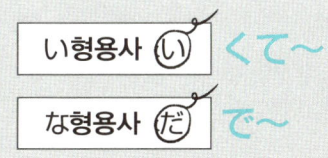

[이유, 원인] ~(해)서~, ~(이)기 때문에~

おもしろくてその映画を何度も見ました。
私はラーメンが好きでよく食べます。

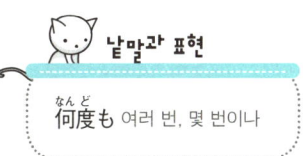

낱말과 표현
- 何度も 여러 번, 몇 번이나

01 ～という 명사 ～라고 하는～

スターウォーズという映画を見ました。
チェジュドという所に行きました。
「ありがとう」という日本語を知っていますか。

낱말과 표현
スターウォーズ 스타워즈
チェジュド 제주도
所 곳
ありがとう 고맙다
知る 알다

02 여행의 일정에 관한 표현

一日目は、ロッテワールドへ行きました。
二日目は、ナムデムン市場で買い物をしました。

낱말과 표현
ナムデムン市場 남대문 시장
買い物 쇼핑

★ 일정 관련 표현

1	一日目 첫째 날 初日 첫날
2	二日目 둘째 날, 이틀째 次の日 다음 날
3	三日目 셋째 날, 3일째
4	四日目 넷째 날, 4일째
5	五日目 다섯째 날, 5일째
6	六日目 여섯째 날, 6일째
7	七日目 일곱째 날, 7일째

03 동작의 순서

まず、地下鉄(ちかてつ)でソウル駅(えき)まで行きました。次(つぎ)に、KTXに乗(の)りました。
まず、ここにコインを入(い)れます。次に、このボタンを押(お)します。最後(さいご)に、ジュースを取(と)ります。

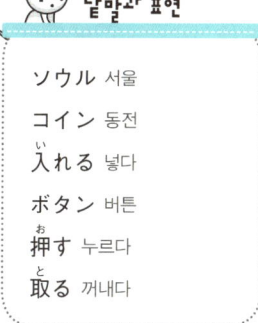

낱말과 표현

ソウル 서울
コイン 동전
入(い)れる 넣다
ボタン 버튼
押(お)す 누르다
取(と)る 꺼내다

まず	次(つぎ)に	その次に	そして 그리고 それから 그리고 나서	最後(さいご)に
우선, 먼저	다음에	그 다음에		마지막에(으로)

05 思(おも)い出(で)の旅行(りょこう) 69

A 다음 보기 와 같이 문장을 완성하세요.

보기 勉強する/ テレビを見る

勉強<u>したり</u>テレビを見<u>たりしました</u>。

(1) 掃除する/ 洗濯する

_____

(2) 本を読む/ メールを書く

_____

(3) 食べる/ 飲む

_____

(4) 走る/ 泳ぐ

_____

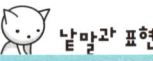

掃除する 청소하다 | 洗濯する 세탁하다 | メール 메일 | 走る 달리다

B 다음 문장의 틀린 부분을 찾아서 바르게 쓰세요.

(1) 今レポートを書きています。

　→

(2) 図書館に行きて本を読みます。

　→

(3) そこで遊びたり泳ぎたりしました。

　→

(4) おいしいでたくさん食べました。

　→

(5) この携帯電話は便利くて人気があります。

　→

レポート 리포트 | 携帯電話 휴대 전화 | 人気 인기

C 다음 일정표를 보고 보기 와 같이 자유롭게 문장을 만들어 보세요.

7時	起きる	5時	デパートで買い物
8時	大学へ行く	6時	友だちと晩ごはん
9時	授業	8時	カラオケ
12時	昼ごはん	10時	勉強
1時	友だちとコーヒー	12時	寝る
2時	授業		

보기 (7時に起きて8時に家を出ました。)

(1) (   )
(2) (   )
(3) (   )
(4) (   )

D 보기 와 같이 자유롭게 문장을 만들어 보세요.

보기 (ダイエットして)やせました。

(1) (   )泣きました。
(2) (   )病気になりました
(3) (   )食べませんでした。
(4) (   )びっくりしました。

ダイエット 다이어트 | やせる 살이 빠지다 | びっくりする 깜짝 놀라다

- 日帰(ひがえ)り旅行(りょこう) 당일치기 여행
- 国内旅行(こくないりょこう) 국내 여행
- 団体旅行(だんたいりょこう) 단체 여행
- ツアー 투어
- 一人旅(ひとりたび) 나홀로 여행
- 修学旅行(しゅうがくりょこう) 수학 여행
- 卒業旅行(そつぎょうりょこう) 졸업 여행
- 新婚旅行(しんこんりょこう) 신혼 여행

- 格安航空券(かくやすこうくうけん) 저가 항공권
- 搭乗券(とうじょうけん) 탑승권
- パスポート 여권
- ビザ 비자
- チェックインカウンター 탑승 수속 카운터
- 出入国審査(しゅつにゅうこくしんさ) 출입국심사
- 免税店(めんぜいてん) 면세점
- 搭乗口(とうじょうぐち) 탑승구

- フェリー 페리
- 高速船(こうそくせん) 고속선
- 電車(でんしゃ) 전철
- タクシー 택시
- 出発(しゅっぱつ)する 출발하다
- 到着(とうちゃく)する 도착하다
- 乗(の)り換(か)える 갈아타다

- ホテル 호텔
- 旅館(りょかん) 여관
- 民宿(みんしゅく) 민박
- 温泉(おんせん) 온천
- 予約(よやく)する 예약하다
- キャンセルする 취소하다

- 観光名所(かんこうめいしょ) 관광 명소
- ガイド 가이드
- 観光(かんこう)する 관광하다
- 見物(けんぶつ)する 구경하다
- 道(みち)に迷(まよ)う 길을 잃다
- 道(みち)を聞(き)く 길을 묻다

- アメリカ 미국
- カナダ 캐나다
- ニュージーランド 뉴질랜드
- 中国(ちゅうごく) 중국
- タイ 태국
- インドネシア 인도네시아
- イギリス 영국
- フランス 프랑스
- イタリア 이탈리아

제일 추억에 남은 여행에 대하여 써 보세요.

★ 작문의 흐름

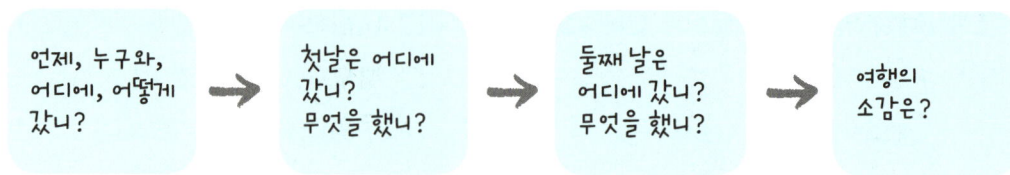

私は _____ 行きました。

_____

一日目は _____

_____

_____

_____

二日目は _____ 。

_____

_____

_____

LESSON

記念日
きねんび

기념일

이 과의 작문 목표

기억에 남은 기념일에 대하여 쓸 수 있도록 하자.

작문의 흐름

언제, 어떤 기념일이었니? → 그날 누구에게 무엇을 해 주었니? 그날 누구에게 무엇을 받았니? → 기념일의 소감은?

이 과의 작문 포인트

- **ウォン・ビンにプレゼントをもらいました。**
  원빈에게 선물을 받았습니다.
- **母がわかめスープを作ってくれました。**
  어머니가 미역국을 끓여 주었습니다.
- **来年の誕生日もウォン・ビンに祝ってほしいです。**
  내년 생일에도 원빈이 축하해 주면 좋겠습니다.
- **「お誕生日おめでとう」と言いながら、誕生日の歌を歌ってくれました。**
  '생일 축하합니다.'라고 말하면서 생일 축하 노래를 불러주었습니다.

　昨日は私の誕生日でした。それで朝からとても幸せでした。

　朝ごはんは、母がわかめスープを作ってくれました。すごくおいしかったです。朝ごはんを食べてから学校へ行きました。学校で授業を受けている時、携帯に「お誕生日おめでとう」というメッセージが届きました。メッセージをくれた人はなんとウォン・ビンでした。授業が終わってウォン・ビンと晩ごはんを食べに行きました。レストランに入って椅子に座りました。そしてウォン・ビンが「お誕生日おめでとう」と言いながら、誕生日の歌を歌ってくれました。私は感動しました。ケーキのろうそくの火を吹き消して「ありがとう」と言いました。それからプレゼントをもらいました。小さい箱でした。私はウォン・ビンの前でその箱を開けました。その時、目が覚めました。

　ちょっと残念でしたが幸せな夢でした。来年の誕生日もウォン・ビンに祝ってほしいです。

낱말과 표현

記念日 기념일 | 誕生日 생일 | 幸せだ 행복하다 | わかめスープ 미역국 | 作る 만들다, 요리하다 | すごく 굉장히 | 携帯 휴대 전화 | メッセージ 메시지 | 届く 도착하다 | なんと 놀랍게도 | レストラン 레스토랑 | 座る 앉다 | おめでとう 축하해 | 言う 말하다 | ろうそく 초 | 火 불 | 吹き消す 불어서 끄다 | プレゼント 선물 | 箱 상자 | 開ける 열다 | 目が覚める 잠이 깨다 | 残念だ 아쉽다 | 祝う 축하하다

01

あげます	줍니다
くれます	줍니다
もらいます	받습니다

01-1

あげます : (나는 타인에게 ~를) 줍니다/(A는 B에게 ~를) 줍니다

私は友だちにプレゼントをあげます。
田中さんはキムさんに本をあげました。

> **TIP**
> 받는 사람이 연하이거나 동물, 식물의 경우 'やります'를 써도 상관없습니다.
> 私は花に水をやります。
> 私は弟に本をやりました。

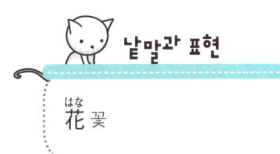

花 꽃

01-2

くれます : (타인이 나, 나의 가족에게 ~를) 줍니다

友だちは私にプレゼントをくれました。
キムさんは妹に本をくれました。

01-3

もらいます : (나, 나의 가족은 타인으로부터 ~를) 받습니다/
(A는 B로부터 ~를) 받습니다

私は友だちにプレゼントをもらいました。
田中さんはキムさんにネクタイをもらいました。

낱말과 표현
ネクタイ 넥타이

02

～てあげます	~해 줍니다
～てくれます	~해 줍니다
～てもらいます	~해 받습니다

02-1

～てあげます : (나는 타인에게 ~를) 해 줍니다/(A는 B에게 ~를) 해 줍니다

私は友だちにプレゼントを買ってあげます。
田中さんはキムさんに日本語を教えてあげました。
田中さんはキムさんを駅まで送ってあげました。

낱말과 표현
送る 배웅하다

TIP 주는 사람이 연하이거나 동물, 식물의 경우 'やります'를 써도 상관없습니다.
私は弟に本を買ってやりました。

02-2

~てくれます : (타인은 나, 나의 가족에게 ~를) 해 줍니다

友だちは私にプレゼントを買ってくれました。

キムさんは妹に韓国語を教えてくれました。

兄は私をロッテワールドへ連れて行ってくれました。

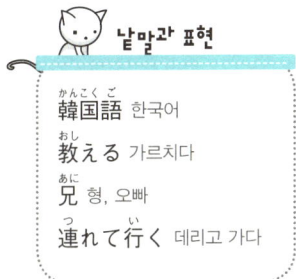

韓国語 한국어
教える 가르치다
兄 형, 오빠
連れて行く 데리고 가다

02-3

~てもらいます : (나, 나의 가족은 타인이) 해 주는 것을 받습니다/
(A는 B가) 해 주는 것을 받습니다

私は友だちにプレゼントを買ってもらいました。

妹はキムさんに韓国語を教えてもらいました。

 포인트 확인

03

동사 て형 ほしいです ～(해) 주기를 바랍니다, ～(해) 주었으면 좋겠습니다, ～(했)으면 좋겠습니다

私(わたし)は彼(かれ)に指輪(ゆびわ)を買(か)ってほしいです。
私(わたし)は弟(おとうと)に勉強(べんきょう)してほしいです。

낱말과 표현
彼(かれ) 남자 친구, 그
指輪(ゆびわ) 반지

04

동사 ます형 ます ながら～ ～(하)면서～

いつもコーヒーを飲(の)みながら新聞(しんぶん)を読(よ)みます。
音楽(おんがく)を聞(き)きながら勉強(べんきょう)します。

낱말과 표현
コーヒー 커피

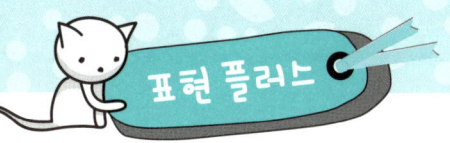

01 なんと　　　　놀랍게도

プレゼントはなんと100万ウォンでした。

私はなんと試験に合格しました。

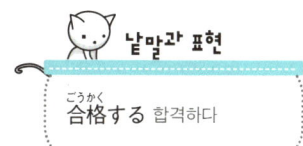

合格する 합격하다

02 「～」と言います　　　'～'라고 말합니다

キムさんは「新しいカメラがほしいです」と言いました。

彼は私に「ごめんなさい」と言って謝りました。

謝る 사과하다

Tip 영어의 '직접 화법'과 같은 것입니다.

A 다음 보기 와 같이 문장을 완성하세요.

보기 田中さん → 私 かばん

田中さんは私にかばんをくれました。

(1) 私 → キムさん ジュース

私は _____

(2) 母 → 私 携帯電話（けいたいでんわ）

母（はは）は _____

(3) パクさん → 鈴木さん 指輪（ゆびわ）

パクさんは _____

(4) 田中さん → キムさん 花束（はなたば）

キムさんは _____

ジュース 주스 | 花束（はなたば） 꽃다발

B 다음 문장의 틀린 부분을 찾아서 바르게 쓰세요.

(1) キムさんはパクさんに本をくれました。

→

(2) 妹は父にプレゼントをやりました。

→

(3) パクさんは私に家まで送ってくれました。

→

(4) 彼は私に歌を歌ってあげました。

→

(5) 彼は私に靴を買ってほしいです。

→

靴 신발, 구두

C 다음 보기 와 같이 자유롭게 문장을 만들어 보세요.

1 보기 田中 → 私
私は (田中さんに日本語を教えてもらいました。)

(1) パクさん → 私

パクさんは (　　　　　　　　　　　　　　　　　　　)

(2) 私 → 弟

私は (　　　　　　　　　　　　　　　　　　　　　　)

(3) キムさん → 私

キムさんは (　　　　　　　　　　　　　　　　　　　)

(4) 私 → 父

私は (　　　　　　　　　　　　　　　　　　　　　　)

2 보기 (テレビを見ながら)食事します。

(1) (　　　　　　　　　　　　　　) 踊ります。

(2) (　　　　　　　　　　　　　　) 歩きます。

(3) (　　　　　　　　　　　　　　) 勉強します。

(4) (　　　　　　　　　　　　　　) 運転します。

 낱말과 표현

踊る 춤추다 | 歩く 걷다 | 運転する 운전하다

- ☐ 手紙(てがみ) 편지
- ☐ カード 카드
- ☐ アクセサリー 액세서리
- ☐ ペアリング 커플링
- ☐ 財布(さいふ) 지갑
- ☐ アルバム 앨범
- ☐ ワイン 와인
- ☐ 手作(てづく)り 수제
- ☐ ブランド 명품
- ☐ サプライズ 서프라이즈
- ☐ 記念写真(きねんしゃしん) 기념 사진

- ☐ 渡(わた)す 건네주다
- ☐ 喜(よろこ)ぶ 기뻐하다
- ☐ 告白(こくはく)する 고백하다
- ☐ プロポーズする 청혼하다
- ☐ 貸(か)しきる 몽땅 빌려 주다
- ☐ 乾杯(かんぱい)する 건배하다
- ☐ 大切(たいせつ)にする 소중히 다루다

- ☐ シンプルだ 심플하다
- ☐ 質素(しっそ)だ 검소하다
- ☐ 豪華(ごうか)だ 호화롭다
- ☐ 派手(はで)だ 화려하다
- ☐ ロマンチックだ 로맨틱하다

- ☐ クリスマス 크리스마스
- ☐ バレンタインデー 밸런타인데이
- ☐ ホワイトデー 화이트데이
- ☐ 結婚記念日(けっこんきねんび) 결혼 기념일
- ☐ 銀婚式(ぎんこんしき)
  은혼식, 결혼 25주년 기념 잔치
- ☐ 金婚式(きんこんしき)
  금혼식, 결혼 50주년 기념 잔치
- ☐ 還暦(かんれき) 환갑, 60세
- ☐ 古希(こき) 고희, 70세

- ☐ カップル 커플
- ☐ 夫婦(ふうふ) 부부
- ☐ 親友(しんゆう) 단짝 친구

기억에 남은 기념일에 대하여 써 보세요.

★ 작문의 흐름

언제, 어떤 기념일이었니? → 그날 누구에게 무엇을 해 주었니? 그날 누구에게 무엇을 받았니? → 기념일의 소감은?

_____は _____でした。

_____は私に _____てくれました。

다음 문장을 밑줄에 주의하여 일본어로 번역해 보세요.

| 지금 今 | 리포트 レポート | 쓰다 書く | 도서관 図書館 | 책 本 | 읽다 読む | 놀다 遊ぶ | 헤엄치다 泳ぐ | 많이 たくさん | 이 この | 휴대 전화 携帯電話 | 편리하다 便利だ | 인기가 있다 人気がある |

1. 지금 리포트를 <u>쓰고</u> 있습니다.

   _____

2. 도서관에 <u>가서</u> 책을 읽습니다.

   _____

3. 거기에서 <u>놀거나 헤엄치거나</u> 했습니다.

   _____

4. <u>맛있어서</u> 많이 먹었습니다.

   _____

5. 이 휴대 전화는 <u>편리해서</u> 인기가 있습니다.

   _____

낱말과 표현

~씨 ~さん | 여동생 妹 | 아버지 父 | 선물 プレゼント | 바래다 주다 送ってくれる | 그 彼 | 노래 歌 | 부르다 歌う | 구두 靴 | 사다 買う

6 김 ○○씨는 박 ○○씨에게 책을 <u>주었습니다</u>.

　 _____

7 여동생은 아버지에게 선물을 <u>주었습니다</u>.

　 _____

8 박 ○○씨는 <u>저를</u> 집까지 바래다 주었습니다.

　 _____

9 그는 저에게 노래를 <u>불러 주었습니다</u>.

　 _____

10 저는 <u>그가</u> 구두를 <u>사줬으면 좋겠습니다</u>.

　 _____

LESSON

もし1,000万ウォン あったら…

만일 천만 원이 있으면……

이 과의 작문 목표

천만 원이 있으면 무엇을 하고 싶은지 쓸 수 있도록 하자.

작문의 흐름

무엇을 하고 싶니? → 그 이유는?

이 과의 작문 포인트

- ぜひサグラダ・ファミリアを実際に見てみたいです。
  꼭 사그라다 파밀리아를 실제로 보고 싶습니다.
- 私は今まで外国に行ったことがありません。
  저는 지금까지 외국에 간 적이 없습니다.
- もし1,000万ウォンあったら、スペインに行きたいです。
  만일 천만 원이 있으면 스페인에 가고 싶습니다.
- その建物を見た時、私の周りの建物と全然違うと思いました。
  그 건물을 보았을 때 제 주위의 건물과 전혀 다르다고 생각했습니다.

　私は今まで外国に行ったことがありません。もし1,000万ウォンあったら、スペインに行きたいです。スペインには有名な建築家アントニ・ガウディーの作品があります。私が子供の時、テレビでスペインを紹介する番組がありました。その時、ガウディーが造ったサグラダ・ファミリアという建物を初めて見ました。その建物を見た時、私の周りの建物と全然違うと思いました。私はその時の感動を今も覚えています。それでスペインに行って、ぜひサグラダ・ファミリアを実際に見てみたいです。

　また、他の国にも行ってみたいです。スペインの近くにフランスやイタリアがありますから、電車やバスでゆっくり旅行したら楽しいと思います。いろいろな国を回りながら、きれいな風景を見たりおいしい食べ物を食べたりしたら幸せだと思います。考えるだけでも楽しいです。

낱말과 표현

外国 외국 | スペイン 스페인 | 建築家 건축가 | アントニ・ガウディー 안토니 가우디 | 作品 작품 | 子供 어린이 | ～時 ~시절, 때 | 紹介する 소개하다 | 番組 프로그램 | 造る 만들다 | 周り 주위 | 建物 건물 | 全然 전혀 | 違う 다르다 | 覚える 기억하다 | ぜひ 꼭 | サグラダ・ファミリア 사그라다 파밀리아 | 実際に 실제로 | 他の～ 다른~ | 国 나라 | フランス 프랑스 | イタリア 이탈리아 | 電車 전철 | ゆっくり 천천히 | 回る 돌아보다 | 考える 생각하다

01

| 동사 て형 | みたい | ～(해)보고 싶다 |

私はスキューバダイビングをしてみたいです。
私はイルカに乗(の)ってみたいです。

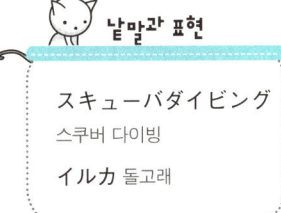

낱말과 표현
スキューバダイビング 스쿠버 다이빙
イルカ 돌고래

02

| 동사 た형 | ことがある | ～(한) 적이 있다 |

私はアメリカに行ったことがあります。
日本人(にほんじん)と話(はな)したことがありません。

낱말과 표현
アメリカ 미국
日本人(にほんじん) 일본인

 포인트 확인

03 　동사 た형　ら～　　　　～한 후에～, (만일) ～면～

03-1

～한 후에～

朝ごはんを食べたら、学校へ行きます。
試験が終わったら、遊びたいです。

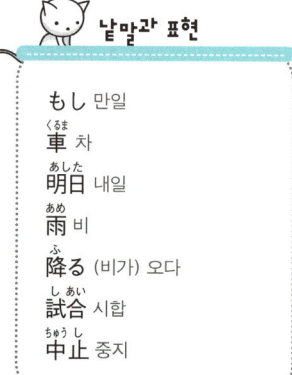

낱말과 표현

- もし 만일
- 車 차
- 明日 내일
- 雨 비
- 降る (비가) 오다
- 試合 시합
- 中止 중지

03-2

(만일) ～면～

(もし)車があったら、便利です。
(もし)明日雨が降ったら、試合は中止です。

04 정중형, 보통형

★ 정중형, 보통형 활용

		정중형	보통형
명사	현재	休みです 휴일입니다	休みだ 휴일이다
		休みではないです 휴일이 아닙니다	休みではない 휴일이 아니다
	과거	休みでした 휴일이었습니다	休みだった 휴일이었다
		休みではなかったです 휴일이 아니었습니다	休みではなかった 휴일이 아니었다
い형용사	현재	安いです 쌉니다	安い 싸다
		安くないです 싸지 않습니다	安くない 싸지 않다
	과거	安かったです 쌌습니다	安かった 쌌다
		安くなかったです 싸지 않았습니다	安くなかった 싸지 않았다
な형용사	현재	嫌いです 싫습니다	嫌いだ 싫다
		嫌いではありません 싫지 않습니다	嫌いではない 싫지 않다
	과거	嫌いでした 싫었습니다	嫌いだった 싫었다
		嫌いではありませんでした 싫지 않았습니다	嫌いではなかった 싫지 않았다
동사	현재	行きます 갑니다	行く 가다
		行きません 가지 않습니다	行かない 가지 않다
	과거	行きました 갔습니다	行った 갔다
		行きませんでした 가지 않았습니다	行かなかった 가지 않았다

07 もし1000万ウォンあったら…

 포인트 확인

明日は雨です。(정중형)

明日は雨だ。(보통형)

彼は真面目ではありません。(정중형)

彼は真面目ではない。(보통형)

05 | 보통형 と思う ～고 생각한다

昨日の試験は難しかったと思います。
彼女は来ないと思います。

낱말과 표현

彼女 그녀, 여자 친구

06

| 명사 | の時〜 |
| 동사 보통형 | 時〜 |

〜시절, 〜때

子供の時、その本を読みました。
この薬を飲む時、注意してください。
デパートへ行った時、山田さんに会いました。

낱말과 표현
薬 약
注意する 주의하다

01 | また | 또한 |

ディズニーランドにはいろいろな乗り物があります。また、夜はショーもあります。ですからぜひ行ってみたいです。

夜 밤
ショー 쇼

02 | 동사 보통형 だけでも〜 | 〜기만 해도 〜, 〜것만이라도 〜 |

彼を見るだけでも元気になります。
彼女と話しただけでも幸せです。

A 다음 보기 와 같이 문장을 완성하세요.

1

보기 ピアノを習う

　　　ピアノを習ってみたいです。

 (1) 温泉に入る

_____

 (2) 外国で韓国語を教える

_____

 (3) 宇宙に行く

_____

 (4) オリンピックに出場する

_____

낱말과 표현

ピアノ 피아노 | 習う 배우다 | 外国 외국 | 韓国語 한국어 | 宇宙 우주 | オリンピック 올림픽 | 出場する (운동 경기 등에) 나가다, 참가하다

2

보기 ヨーロッパに行く
(○) ヨーロッパに行ったことがあります。
(×) ヨーロッパに行ったことがありません。

(1) 馬に乗る

(○) _____

(2) 留学する

(○) _____

(3) たばこを吸う

(×) _____

(4) 料理する

(×) _____

낱말과 표현

ヨーロッパ 유럽

B 다음 문장의 틀린 부분을 찾아서 바르게 쓰세요.

(1) 日本で何をするみたいですか。

→

(2) 私は子供の時アメリカに行くことがあります。

→

(3) 映画はおもしろいでしたと思います。

→

(4) 私は明日雨は降りませんと思います。

→

(5) その話を聞いた時びっくりしました。

→

C 다음 보기 와 같이 자유롭게 문장을 만들어 보세요.

1 보기 (日本に行ったら)ラーメンを食べます。

(1) (　　　　　　　　　　　　　) 寝ます。

(2) (　　　　　　　　　　　　　) やせます。

(3) (　　　　　　　　　　　　　) キャンプに行きます。

(4) (　　　　　　　　　　　　　) アルバイトをします。

2 보기 日本語は(簡単だと思います。)

(1) (　　　　)さんは(　　　　　　　　　　　　　　　　　)

(2) (　　　　)さんの部屋は(　　　　　　　　　　　　　)

(3) 韓国の経済は(　　　　　　　　　　　　　　　　　　)

(4) 韓国の大学生は(　　　　　　　　　　　　　　　　　)

キャンプ 캠프 | 経済 경제 | 大学生 대학생

- 語学留学(ごがくりゅうがく) 어학 연수
- 美容整形(びようせいけい) 미용 성형
- 親孝行(おやこうこう) 효도
- 貯金(ちょきん) 저금
- 財(ざい)テク 재테크
- 引(ひ)っ越(こ)し 이사

- グランドキャニオン(アメリカ) 그랜드캐니언(미국)
- ベルサイユ宮殿(きゅうでん)(フランス) 베르사유 궁전(프랑스)
- コロセウム(イタリア) 콜로세움(이탈리아)
- タージマハル(インド) 타지마할(인도)
- オペラハウス(オーストラリア) 오페라 하우스(호주)
- マチュピチュ(ペルー) 마추픽추(페루)

- レジャースポーツ 레저 스포츠
- 登山(とざん) 등산
- トレッキング 트레킹
- ロッククライミング 록 클라이밍, 암벽 등반
- キャンプ 캠프

- スキューバダイビング 스쿠버 다이빙
- サーフィン 서핑
- ヨット 요트
- クルーズ 크루즈, 선박 여행

- スカイダイビング 스카이다이빙
- ハンググライダー 행글라이더
- パラグライダー 패러글라이더
- 熱気球(ねつききゅう) 열기구
- バンジージャンプ 번지 점프

- ファーストクラス 일등석
- リムジン 리무진
- 一流(いちりゅう)ホテル 일류 호텔
- スイートルーム 스위트룸, 특실

- トリュフ 트뤼프, 서양송로
- フォアグラ 푸아그라, 거위의 간
- キャビア 캐비아, 철갑상어의 알젓
- フカヒレ 상어 지느러미
- 松茸(まつたけ) 송이버섯

천만 원이 있으면 무엇을 하고 싶은지 써 보세요.

★ 작문의 흐름

무엇을 하고 싶니? → 그 이유는?

もし私に 1,000 万ウォンあったら _____ たいです。

LESSON

最悪な日
최악의 날

이 과의 작문 목표
운이 나빴던 어느 날에 생긴 일들에 대하여 쓸 수 있도록 하자.

작문의 흐름

언제? → 어떤 상황? → 무슨 일이 있었니?

이 과의 작문 포인트

- 道の真ん中で転んでしまった。
  도로 한가운데에서 넘어지고 말았다.
- その日は私が発表する予定だったが、発表することができなかった。
  그 날은 제가 발표할 예정이었으나 발표할 수 없었다.
- 午前10時から授業があるので、いつも8時ごろ起きる。
  오전 10시부터 수업이 있으므로 항상 8시쯤 일어난다.

　先週の金曜日は最悪だった。金曜日は午前10時から授業があるので、いつも8時ごろ起きて9時ごろ出発する。でも、その日は、起きて時計を見たら9時だった。私は驚いた。それで10分で準備して、バス停まで走って行った。でも、バスがなかなか来なくて、本当にいらいらした。バスを降りてからまた走ったが、横断歩道を渡る時、道の真ん中で転んでしまった。とても恥ずかしかった。結局授業に1時間も遅刻してしまった。その日は私が発表する予定だったが、発表することができなかった。

　授業が終わって友だちと昼ごはんを食べに行った。でも、食券を買う時財布が見つからなかった。泣きたかった。結局友だちが払ってくれた。

　先週の金曜日は、心も体も痛い一日だった。

낱말과 표현

最悪だ 최악이다	日 날	出発する 출발하다	時計 시계	準備する 준비하다	バス停 버스 정류장
なかなか 좀처럼	いらいらする 초조하다	降りる 내리다	横断歩道 횡단보도	渡る 건너다	道 도로, 길
真ん中 한가운데	転ぶ 넘어지다	結局 결국	遅刻する 지각하다	発表する 발표하다	予定 예정
食券 식권	財布 지갑	泣く 울다	払う 지불하다	心 마음	体 몸	痛い 아프다

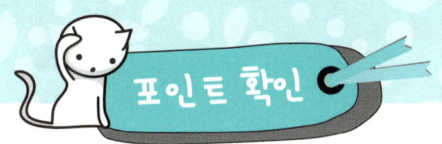

01

| 동사 て형 | しまう | ~(해) 버리다, ~(하)고 말다 |

お金をなくしてしまいました。
彼女とけんかしてしまった。

- なくす 잃다
- けんかする 싸우다

02

| 동사 기본형 | 予定だ | ~(할) 예정이다 |

3月から新しい会社で働く予定です。
明日映画を見に行く予定だ。

- 3月 3월
- 会社 회사
- 働く 일하다

 포인트 확인

03

| 동사 기본형 | ことができる | ~ 수 있다, ~ 줄 안다 |

友(とも)だちはギターを弾(ひ)くことができます。
彼(かれ)に会(あ)うことができなかった。

낱말과 표현
ギター 기타
弾(ひ)く 치다

04

| 보통형 | ので |
| 명사, な형용사 だ | なので | ~(이)므로, ~기 때문에 |

宿題(しゅくだい)があるので、図書館(としょかん)に行きます。
昨日(きのう)は寒(さむ)かったので、風邪(かぜ)をひきました。
今日(きょう)は日曜日(にちようび)なので、学校(がっこう)へ行きません。
彼女(かのじょ)はきれいなので、人気(にんき)があります。

낱말과 표현
寒(さむ)い 춥다
風邪(かぜ) 감기

 표현 플러스

01 でも　하지만

昨日約束がありました。でも行くことができませんでした。
会社に行った。でも誰もいなかった。

낱말과 표현
約束 약속
誰も 아무도

02 結局　결국

彼と2年つきあいましたが、結局別れてしまいました。
一生懸命勉強したが、成績は結局Cだった。

낱말과 표현
2年 2년
つきあう 사귀다
別れる 헤어지다
一生懸命 열심히

A 다음 보기 와 같이 문장을 완성하세요.

보기 お<ruby>金<rt>かね</rt></ruby>をなくす

お金をなく<u>してしまいました</u>。

(1) <ruby>宿題<rt>しゅくだい</rt></ruby>を<ruby>忘<rt>わす</rt></ruby>れる

_____

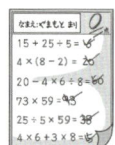

(2) <ruby>0点<rt>れいてん</rt></ruby>を<ruby>取<rt>と</rt></ruby>る

_____

(3) 5キロも<ruby>太<rt>ふと</rt></ruby>る

_____

(4) <ruby>高<rt>たか</rt></ruby>いかばんを<ruby>買<rt>か</rt></ruby>う

_____

낱말과 표현

忘れる 잊다 | 0点 빵점 | 取る 받다 | 太る 살찌다

2  ピアノを弾きます
　　　　　　　　　（○）ピアノを弾くことができます。
　　　　　　　　　（×）ピアノを弾くことができません。

 (1) 辛い料理を食べます

（○）_____

(2) 朝早く起きます

（○）_____

 (3) お酒を飲みます

（×）_____

 (4) 泳ぎます

（×）_____

낱말과 표현

辛い 맵다

B 다음 문장의 틀린 부분을 찾아서 바르게 쓰세요.

(1) 約束の時間に遅れてしまいでした。

　　→

(2) アメリカに留学します予定です。

　　→

(3) 私は日本語を話してことができます。

　　→

(4) 父は料理しないことができます。

　　→

(5) 昨日忙しいだったので疲れました。

　　→

疲れる 피곤하다

C 보기 와 같이 자유롭게 문장을 만들어 보세요.

1 보기 明日(映画を見る予定です。)

(1) 来週の土曜日 (　　　　　　　　　　　　　　　　　)

(2) あさって (　　　　　　　　　　　　　　　　　　　)

(3) 週末 (　　　　　　　　　　　　　　　　　　　　　)

(4) 冬休み (　　　　　　　　　　　　　　　　　　　　)

2 보기 (一生懸命勉強したので) 成績が上がりました。

(1) (　　　　　　　　　　　　　　　) 好きです。

(2) (　　　　　　　　　　　　　　　) 嫌いです。

(3) (　　　　　　　　　　　　　　　) 嬉しいです。

(4) (　　　　　　　　　　　　　　　) 恥ずかしいです。

 낱말과 표현

来週 다음 주 | あさって 모레 | 冬休み 겨울 방학 | 上がる 올라가다 | 嬉しい 기쁘다

D 다음 일기장에서 고른 문장을 보기 와 같이 보통형으로 바꿔서 써 보세요.

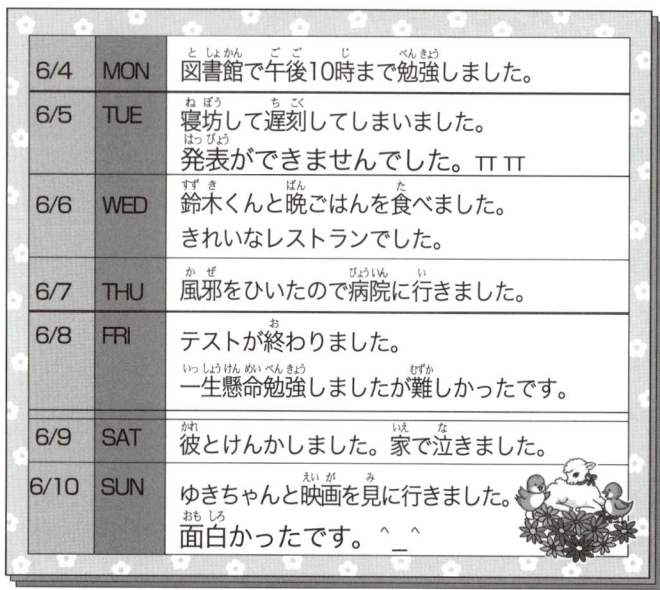

보기 (図書館で午後10時まで勉強した。)

(1) (　　　　　　　　　　　　　　　　　　　　　　　)
(2) (　　　　　　　　　　　　　　　　　　　　　　　)
(3) (　　　　　　　　　　　　　　　　　　　　　　　)
(4) (　　　　　　　　　　　　　　　　　　　　　　　)

 낱말과 표현

寝坊する 늦잠을 자다 | ～くん ～군 | 泣く 울다 | ～ちゃん 친밀함을 나타내는 호칭(가족·친구 등)

- 運(うん)がない 운이 없다
- 運(うん)がいい 운이 좋다
- 運(うん)が悪(わる)い 운이 나쁘다
- ラッキーだ 럭키다, 행운이다
- アンラッキーだ 언럭키다, 불운이다
- ついている 운이 좋다
- ついてない 운이 나쁘다, 재수 없다
- 失恋(しつれん)する 실연 당하다
- ふられる 차이다

- トラブルが続(つづ)く 트러블이 계속되다
- 乗(の)り遅(おく)れる 늦어서 못 타다, 놓치다
- 逃(のが)す (기회를)놓치다
- すべる 미끄러지다
- 犬(いぬ)のふんを踏(ふ)む 개똥을 밟다
- 単位(たんい)を落(お)とす
  학점을 못 따다, F학점을 받다
- 服(ふく)が汚(よご)れる 옷이 더러워지다
- 行(い)き違(ちが)いになる 서로 엇갈리다
- 鍵(かぎ)を落(お)とす
  열쇠를 떨어뜨리다, 잃어버리다

- 占(うらな)い 점
- 星座(せいざ) 별자리
- タロット 타로 카드
- 四柱推命(しちゅうすいめい) 사주
- 当(あ)たる 맞다
- 外(はず)れる 빗나가다

- 涙(なみだ)が出(で)る 눈물이 나다
- ため息(いき)が出(で)る 한숨이 나오다
- むなしい 헛되다

- 冷(ひ)や汗(あせ)をかく 식은땀을 흘리다
- あせる 안달하다
- どきどきする 두근두근하다
- 顔(かお)が赤(あか)くなる 얼굴이 붉어지다
- 恥(はじ)をかく 창피를 당하다

- 腹(はら)が立(た)つ 화나다
- 頭(あたま)に来(く)る 열 받다
- かっとなる 욱하다
- むかつく 화가 치밀다
- 落(お)ち着(つ)かない 안정되지 않다

운이 나빴던 어느 날에 생긴 일들에 대하여 써 보세요.

★ 작문의 흐름

언제? → 어떤 상황? → 무슨 일이 있었니?

_____は最悪だった。

_____てしまった。_____

_____

_____

_____

_____

_____

_____は_____一日だった。

다음 문장을 밑줄에 주의하여 일본어로 번역해 보세요.

일본 日本 | 무엇 何 | 하다 する | 영화 映画 | 내일 明日 | 비 雨 | 내리다 降る | 이야기 話 | 듣다 聞く | 깜짝 놀라다 びっくりする

1. 일본에 가면 무엇을 해 보고 싶습니까?

   _____

2. 저는 일본에 간 적이 있습니다.

   _____

3. 영화는 재미있었다고 생각합니다.

   _____

4. 저는 내일 비는 내리지 않는다고 생각합니다.

   _____

5. 그 이야기를 들었을 때 깜짝 놀랐습니다.

   _____

 낱말과 표현

약속시간 約束の時間 | 늦다 遅れる | 미국 アメリカ | 유학하다 留学する | 일본어 日本語 | 말하다 話す | 요리하다 料理する | 여기 ここ | 불편하다 不便だ | 이사하다 引っ越す

6 약속시간에 늦어버렸습니다.

7 미국에 유학할 예정입니다.

8 저는 일본어를 말할 수 있습니다.

9 아버지는 요리할 줄 모릅니다.

10 여기는 불편하므로 이사하고 싶습니다.

LESSON

休やすみの計けい画かく
휴가 계획

이 과의 작문 목표
여름휴가나 겨울휴가 계획에 대하여 쓸 수 있도록 하자.

작문의 흐름

휴가 계획은 몇 개니? → 우선 무엇을 하니? → 다음에 무엇을 하니? → 마지막에 무엇을 하니?

이 과의 작문 포인트

- 資格しかくを取とろうと思おもっています。
  자격증을 따려고 생각하고 있습니다.
- 頑張がんばるつもりです。
  열심히 할 생각입니다.
- いい会かい社しゃに就しゅう職しょくするために勉べん強きょうしなければなりません。
  좋은 회사에 취직하기 위해서 공부해야 합니다.

　私の夏休みの計画は三つあります。

　まず、コンピューターの学校に通って、資格を取ろうと思っています。コンピューターの資格の中で、私はMOSの資格を取りたいです。少し難しいですが、頑張るつもりです。

5　次に、トーイックの勉強もするつもりです。英語は苦手ですが、いい会社に就職するために勉強しなければなりません。夏休みに一生懸命勉強して、点数を50点ぐらい上げたいです。

　最後に、勉強ばかりしたらストレスがたまります。それで、一週間ぐらい旅行に行こうと思っています。鉄道で韓国の有名な場所をゆっ
10 くり回るつもりです。旅行しながら写真を撮ったり、新しい友だちを作ったりしたいです。

　以上が私の夏休みの計画です。全部できるかわかりませんが、努力するつもりです。

낱말과 표현

休み 휴가	計画 계획	夏休み 여름방학	三つ 세 가지	コンピューター 컴퓨터	資格 자격	取る 따다
頑張る 열심히 하다	英語 영어	苦手だ 서투르다	就職する 취직하다	点数 점수	上げる 올리다
最後に 마지막으로	~ばかり ~만	ストレス 스트레스	たまる 쌓이다	一週間 1주일	鉄道 철도
以上 이상	全部 전부	努力する 노력하다

 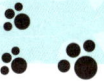

01 동사 의지형

★ 동사 의지형 활용

	기본형	의지형
1그룹 동사	会う 만나다 行く 가다 話す 이야기하다 読む 읽다	会おう 만나야겠다, 만나자 行こう 가야겠다, 가자 話そう 이야기해야겠다, 이야기하자 読もう 읽어야겠다, 읽자
2그룹 동사	見る 보다 起きる 일어나다	見よう 봐야겠다, 보자 起きよう 일어나야겠다, 일어나자
3그룹 동사	来る 오다 する 하다	来よう 와야겠다, 오자 しよう 해야겠다, 하자

明日会おう。

これから勉強しよう。

02 동사 의지형 と思う ~하려고 생각한다

将来医者になろうと思います。
彼女と結婚しようと思っています。

낱말과 표현

将来 장래
医者 의사
結婚する 결혼하다

 포인트 확인

03

| 동사 기본형, ない형 | つもりだ | ~(할, 하지 않을) 생각이다, ~(할, 하지 않을) 작정이다 |

来年留学するつもりです。
もう彼とは会わないつもりです。

낱말과 표현
来年 내년
留学する 유학하다

04

| 동사 기본형 | ために | ~(하)기 위해서 |
| 명사 | のために | ~을/를 위해서 |

英語を習うために、塾に通います。
父は家族のために、一生懸命働いています。

낱말과 표현
習う 배우다
塾 학원

05

| 동사 ない형 い | ければならない | ~(해)야 한다, ~(하)지 않으면 안 된다 |

就職のために、資格を取らなければなりません。
明日までにレポートを出さなければなりません。

01 조수사 一つ, 二つ...   한 개, 두 개...

一つ ひとつ	二つ ふたつ	三つ みっつ	四つ よっつ	五つ いつつ
한 개	두 개	세 개	네 개	다섯 개
六つ むっつ	七つ ななつ	八つ やっつ	九つ ここのつ	十 とお
여섯 개	일곱 개	여덟 개	아홉 개	열 개

02 ~か(どうか)   ~(은/는)지 (아닌지)

おいしいかどうかわかりませんが、食べてみます。
山田さんもいっしょに行くかわかりません。

A 다음 보기 와 같이 문장을 완성하세요.

보기 コンピューターの学校に通います。

コンピューターの学校に通<u>うつもりです</u>。

(1) 明日先生に相談します。

_____

(2) 今年は会話の勉強を頑張ります。

_____

(3) これからもたばこは吸いません。

_____

(4) 来年ヨーロッパに旅行に行きます。

_____

낱말과 표현

相談する 의논하다, 상의하다 | 会話 회화 | たばこ 담배 | 吸う 피우다

B 다음 문장의 틀린 부분을 찾아서 바르게 쓰세요.

(1) 明日レポートを出しますと思っています。

　　→

(2) 明日は朝7時に起きろうと思っています。

　　→

(3) 来週映画を見に行ったつもりです。

　　→

(4) 日本に行ったためにアルバイトします。

　　→

(5) 彼ためにプレゼントを買いました。

　　→

(6) 発表がありますから、準備するなければなりません。

　　→

C 다음 보기 와 같이 자유롭게 문장을 만들어 보세요.

1 보기 就職するために (資格を取ろうと思っています。)

(1) 試験勉強するために (　　　　　　　　　　　　　　　)

(2) やせるために (　　　　　　　　　　　　　　　)

(3) 旅行に行くために (　　　　　　　　　　　　　　　)

(4) 友だちを作るために (　　　　　　　　　　　　　　　)

2 보기 お金がないので、(アルバイトをしなければなりません。)

(1) 野菜は嫌いですが、(　　　　　　　　　　　　　　　)

(2) 明日早く出発しますから、(　　　　　　　　　　　　　　　)

(3) 来年卒業ですから、(　　　　　　　　　　　　　　　)

(4) 来週恋人の誕生日なので、(　　　　　　　　　　　　　　　)

낱말과 표현

旅行 여행 | 野菜 채소 | 卒業 졸업

- ☐ 連休(れんきゅう) 연휴
- ☐ 祝日(しゅくじつ) 경축일
- ☐ 休暇(きゅうか) 휴가
- ☐ 冬休(ふゆやす)み 겨울 방학
- ☐ 正月休(しょうがつやす)み (일본) 신정 휴가
- ☐ 盆休(ぼんやす)み (일본) 추석 연휴
- ☐ 目標(もくひょう) 목표
- ☐ ～を目指(めざ)す ～을/를 지향하다
- ☐ 計画(けいかく)を立(た)てる 계획을 세우다
- ☐ ハードスケジュール 하드 스케줄, 빡빡한 스케줄
- ☐ きつい 빡빡하다, 힘들다
- ☐ 余裕(よゆう)がある 여유가 있다
- ☐ 徹夜(てつや)する 밤을 새우다
- ☐ 勉強不足(べんきょうぶそく)だ 공부가 부족하다

- ☐ サークル (대학)동아리
- ☐ イベント 이벤트
- ☐ 試合(しあい) 시합
- ☐ 合宿(がっしゅく) 합숙
- ☐ 大会(たいかい)に出(で)る 대회에 나가다
- ☐ 参加(さんか)する 참가하다

- ☐ 就職活動(しゅうしょくかつどう) 취업 활동
- ☐ 採用試験(さいようしけん) 채용 시험
- ☐ 履歴書(りれきしょ) 이력서
- ☐ 面接(めんせつ)を受(う)ける 면접을 보다
- ☐ 準備(じゅんび)する 준비하다
- ☐ 就職(しゅうしょく)セミナー 취업 세미나
- ☐ 内定(ないてい)をもらう 내정을 받다

- ☐ 運転免許(うんてんめんきょ) 운전 면허
- ☐ 公務員(こうむいん) 공무원
- ☐ 通訳(つうやく)ガイド 통역 가이드
- ☐ インテリアコーディネーター 인테리어 코디네이터
- ☐ ウェブデザイナー 웹디자이너
- ☐ 日本語能力試験(にほんごのうりょくしけん)
  일본어능력시험

- ☐ 受験(じゅけん)する 시험을 보다
- ☐ 合格(ごうかく)する 합격하다
- ☐ 不合格(ふごうかく)になる 불합격되다
- ☐ 最善(さいぜん)をつくす 최선을 다하다
- ☐ 全力(ぜんりょく)をあげて 온 힘을 다 해서

여름휴가나 겨울휴가 계획에 대하여 써 보세요.

★ 작문의 흐름

휴가 계획은 몇 개니? → 우선 무엇을 하니? → 다음에 무엇을 하니? → 마지막에 무엇을 하니?

私の休みの計画は _____ つあります。

まず _____

次に _____

最後に _____

LESSON

驚(おどろ)いたこと
놀랐던 일

이 과의 작문 목표

여행지나 텔레비전에서 본 것 중에 놀랐던 일에 대하여 쓸 수 있도록 하자.

작문의 흐름

무엇을 보고? → 어떤 일에 놀랐니? → 어떻게 생각했니?

이 과의 작문 포인트

- 日本(にほん)では自転車(じてんしゃ)の二人乗(ふたりの)りをしてはいけません。
  일본에서는 자전거에 두 명이 타서는 안 됩니다.

- スカートをはいて自転車に乗(の)ってもいいですが、少(すこ)し恥(は)ずかしいと思(おも)いました。
  치마를 입고 자전거를 타도 됩니다만, 조금 창피하다고 생각했습니다.

- 自転車は環境(かんきょう)にもいいし、体(からだ)にもいいので、韓国(かんこく)でもたくさんの人(ひと)が乗ったらいいと思います。
  자전거는 환경에도 좋고 몸에도 좋으므로 한국에서도 많은 사람이 타면 좋겠다고 생각합니다.

- とても重(おも)くて、大変(たいへん)そうでした。
  매우 무겁고 힘들어 보였습니다.

　私は日本に行って驚いたことがあります。それは自転車に乗っている人が多いことです。日本では子供からお年寄りまでたくさんの人が自転車に乗っていました。
　その中で、一番驚いたのは、自分の前と後ろに小さい子供を一人ずつ乗せていた女性を見た時です。とても重くて、大変そうでした。日本では自転車の二人乗りをしてはいけません。でも、その女性は三人で乗っていました。とても危ないと思いました。
　次に驚いたのは、若い女性が短いスカートをはいて乗っていたのを見た時です。右手でハンドルを持って、左手でスカートを押さえていました。このような人を韓国で見たことがなかったのでとても驚きました。スカートをはいて自転車に乗ってもいいですが、少し恥ずかしいと思いました。
　危険な乗り方をしてはいけませんが、自転車は環境にもいいし、体にもいいので、韓国でもたくさんの人が乗ったらいいと思います。

낱말과 표현

多い 많다 | ～ずつ ~씩 | 女性 여성 | 乗せる 태우다 | 重い 무겁다 | 大変だ 힘들다 | 三人 세 명 | 危ない 위험하다 | 短い 짧다 | スカート 치마 | はく 입다 | 右手 오른손 | ハンドル 핸들 | (ハンドルを)持つ (핸들을) 잡다 | 左手 왼손 | 押さえる 누르다 | このような 이런 | 危険だ 위험하다 | 乗り方 타는 방법 | 環境 환경

01

| 동사 て형 | はいけない | ~(하)면 안 된다 |

ここで写真を撮ってはいけません。
家の前に駐車してはいけません。

낱말과 표현
駐車する 주차하다

02

| 동사 て형 | もいい | ~(해)도 된다 |
| 동사 ない형(い) | くてもいい | ~(하)지 않아도 된다 |

靴で入ってもいいです。
明日は休みなので早く寝なくてもいいです。

낱말과 표현
入る 들어가다
早く 일찍

03

| 보통형 | し～ので | [이유] ～(이)고 ～(이)기 때문에 |

彼はかっこいいし親切なので人気があります。

あのレストランは、おいしくないし高いし遠いので、もう行きたくない。

旅行は、楽しい経験ができるし、友だちを作ることもできるので、いいです。

낱말과 표현

遠い 멀다
経験 경험

04

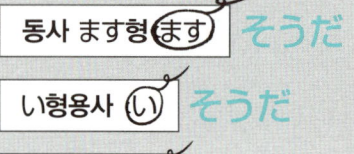

～일(할) 것 같다, ～(아/어) 보인다

今にも雨が降りそうですから早く帰りましょう。

この携帯は高そうです。

このかばんは軽そうで、便利そうです。

01　このような (이런), そのような (그런), あのような (저런, 그런)

<u>このような</u>きれいな国を見たことがありません。
<u>あのような</u>人と結婚したいです。

02　동사 ます형 ます + 方　～(하)는 방법

子供の話し方はかわいいです。
駅までの行き方を教えてください。

A 다음 보기 와 같이 문장을 완성하세요.

보기 この 料理/おいしい

<u>この料理はおいしそうです。</u>

(1) 明日/寒い

_____

(2) 今年の夏/暑い

_____

(3) 山田さん/いつも忙しい

_____

(4) 田中さん/最近暇だ

_____

낱말과 표현

今年 올해

B 다음 문장의 틀린 부분을 찾아서 바르게 쓰세요.

(1) 授業中に食べ物を食べるはいけません。

→

(2) ここでたばこを吸ってはいいです。

→

(3) 今日は宿題をしないでいいです。

→

(4) 彼女は声がきれいなので歌が上手なそうです。

→

(5) ここは静かなし、景色もいいので人気があります。

→

(6) 明日は暇し、宿題もないので遊びに行きます。

→

낱말과 표현

授業中 수업 중 | 食べ物 음식 | 景色 경치

C 다음 보기 와 같이 자유롭게 문장을 만들어 보세요.

> **1** 보기
> 休み時間なので、(おしゃべりをしてもいいです。)
> 授業中なので、(おしゃべりをしてはいけません。)

(1) 風邪をひいているので、(　　　　　　　　　　　　　　)

(2) 風邪が治ったので、(　　　　　　　　　　　　　　　　)

(3) ダイエットをしているので、(　　　　　　　　　　　　)

(4) ダイエットを止めたので、(　　　　　　　　　　　　　)

> **2** 보기 (安い) し (おいしい) ので、チャンポンが好きです。

(1) (　　　　　)し(　　　　　)ので、この映画はヒットしています。

(2) (　　　　　)し(　　　　　)ので、この歌が好きです。

(3) (　　　　　)し(　　　　　)ので、そこへ行ってみたいです。

(4) (　　　　　)し(　　　　　)ので、それが嫌いです。

낱말과 표현

風邪 감기 | ひく 걸리다 | 治る 낫다 | 止める 그만두다 | チャンポン 짬뽕 | ヒットする 히트하다

- 未成年(みせいねん) 미성년
- 犯罪(はんざい) 범죄
- 事故(じこ) 사고
- 事件(じけん) 사건
- スキャンダル 스캔들
- 話題(わだい) 화제
- 社会的問題(しゃかいてきもんだい) 사회적 문제
- 社会人(しゃかいじん) 사회인

- 文化(ぶんか)/世代(せだい)の差(さ) 문화/세대 차이
- カルチャーショック 컬처 쇼크
- マナーがいい 매너가 좋다
- ルールを守(まも)る 규칙을 지키다
- 礼儀正(れいぎただ)しい 예의 바르다

- 価値観(かちかん) 가치관
- 常識的(じょうしきてき)だ 상식적이다
- 非常識(ひじょうしき)だ 비상식적이다
- 行動(こうどう) 행동

- あきれる 어이없다
- びっくりする 깜짝 놀라다

- 心(こころ)が温(あたた)まる 마음이 따뜻해지다
- 嬉(うれ)しくなる 기뻐지다
- 不思議(ふしぎ)に思(おも)う 이상하게 (신기하게) 생각하다
- 困(こま)る 난처하다
- 迷惑(めいわく)をかける 폐를 끼치다

- 突然(とつぜん) 갑자기
- 危険(きけん)だ 위험하다
- 安全(あんぜん)だ 안전하다

- 信号(しんごう)を無視(むし)する 신호를 무시하다
- うそをつく 거짓말하다
- 二股(ふたまた)をかける 양다리를 걸치다
- 浮気(うわき)する 바람 피우다
- 口(くち)げんかする 말다툼하다

- 一夜漬(いちやづ)けで勉強(べんきょう)する 벼락치기로 공부하다
- 朝寝坊(あさねぼう)する 늦잠을 자다
- 二度寝(にどね)する 아침에 한번 깼다가 다시 자다
- 夜更(よふ)かしする 밤 늦게까지 깨어 있다

여행지에서 본 것이나 텔레비전에서 본 것 중에 놀랐던 일에 대하여 써 보세요.

★ 작문의 흐름

무엇을 보고? → 어떤 일에 놀랐니? → 어떻게 생각했니?

_____て驚いたことがあります。それは _____

_____ことです。

_____と思いました。

다음 문장을 밑줄에 주의하여 일본어로 번역해 보세요.

내일 明日 | 리포트 レポート | 내다 出す | 아침 朝 | 다음 주 来週 | 영화 映画 | 보다 見る | 아르바이트하다 アルバイトする | 그 彼 | 선물 プレゼント | 사다 買う | 발표 発表 | 준비하다 準備する

1. 내일 리포트를 내려고 <u>생각합니다</u>.(思っていますを 써서)

   _____

2. 내일은 아침 7시에 일어나려고 <u>생각합니다</u>.(思っていますを 써서)

   _____

3. 다음 주 영화를 <u>보러 갈 생각입니다</u>.

   _____

4. 일본에 <u>가기 위해서</u> 아르바이트합니다.

   _____

5. <u>그를 위해서</u> 선물을 샀습니다.

   _____

6. 발표가 있어서 <u>준비해야 합니다</u>.

   _____

낱말과 표현

수업 중 授業中 | 음식 食べ物 | 먹다 食べる | 담배 たばこ | 피우다 吸う | 오늘 今日 | 숙제 宿題 | 그녀 彼女 | 목소리 声 | 예쁘다 きれいだ | 노래 歌 | 경치 景色 | 인기가 있다 人気がある | 내일 明日 | 한가하다 暇だ | 놀다 遊ぶ

7 수업 중에 음식을 <u>먹어서는 안 됩니다</u>.

___

8 여기서 담배를 <u>피워도</u> 됩니다.

___

9 오늘은 숙제를 <u>하지 않아도</u> 좋습니다.

___

10 그녀는 목소리가 예쁘므로 노래를 <u>잘 할 것 같습니다</u>.

___

11 여기는 <u>조용하고</u> 경치도 <u>좋아서</u> 인기가 있습니다. (〜し〜ので 를 써서)

___

12 내일은 <u>한가하고</u> 숙제도 <u>없어서</u> 놀러 갑니다. (〜し〜ので 를 써서)

___

LESSON

将来の夢
しょうらい　　ゆめ

장래의 꿈

🔖 이 과의 작문 목표

장래의 꿈이나 목표에 대하여 쓸 수 있도록 하자.

🔖 작문의 흐름

장래에 무엇이 되고 싶니? 장래에 무엇을 하고 싶니? → 왜 그것이 되고 싶니? 왜 그것을 하고 싶니? → 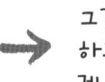 그것이 되고 싶거나 하고 싶다고 생각하게 된 계기가 뭐니?

🔖 이 과의 작문 포인트

- 私の夢は客室乗務員になることです。
  わたし　ゆめ　きゃくしつじょうむいん
  저의 꿈은 객실 승무원이 되는 것입니다.

- 不思議なことに緊張がなくなりました。
  ふしぎ　　　　　　きんちょう
  신기하게도 긴장이 풀렸습니다.

- 私は英語は少し話せますが、他の外国語はできません。
  わたし　えいご　すこ　はな　　　　　　ほか　がいこくご
  저는 영어는 조금 할 줄 압니다만, 다른 외국어는 못합니다.

- 私も客室乗務員になりたいと思うようになりました。
  わたし　きゃくしつじょうむいん　　　　　　　おも
  저도 객실 승무원이 되고 싶다는 생각을 하게 되었습니다.

- 夢をあきらめないで、頑張りたいと思います。
  ゆめ　　　　　　　　　　がんば　　　　　おも
  꿈을 포기하지 않고 열심히 하려고 생각합니다.

　私の夢は、客室乗務員になることです。私は中学2年生の夏休みに、家族といっしょに海外旅行に行きました。飛行機に乗るのは初めてだったので、とても緊張しました。席に座ってからもずっとどきどきしていました。その時乗務員のお姉さんが来て、「大丈夫よ。」と笑顔で声をかけてくれました。その言葉を聞いて、不思議なことに緊張がなくなりました。その時のことは今もはっきり覚えています。

　この旅行をきっかけに、私も客室乗務員になりたいと思うようになりました。客室乗務員になるためには、外国語が話せなければなりません。私は英語は少し話せますが、他の外国語はできません。それで他の外国語もできるようになりたいです。夢をかなえるためには何よりも努力が必要です。最後まで夢をあきらめないで、頑張りたいと思います。

낱말과 표현

夢 꿈 | 客室乗務員 객실 승무원 | 中学 중학교 | 2年生 2학년 | 海外旅行 해외여행 | 初めて 처음 | 緊張する 긴장하다 | 席 좌석 | どきどきする 두근두근하다 | 大丈夫だ 괜찮다 | 笑顔 미소 | 言葉 말 | 不思議だ 이상하다, 신기하다 | なくなる 없어지다, 풀리다 | はっきり 분명히 | 覚える 기억하다 | きっかけ 계기 | 外国語 외국어 | かなえる 이루다 | 何よりも 무엇보다도 | あきらめる 포기하다

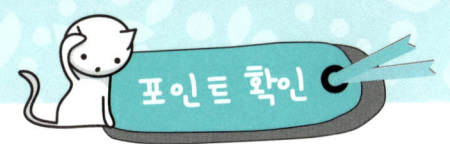

01

| 명사 | になる | ~이/가 되다 |

私は医者になるのが夢です。
息子は今年大学生になります。

낱말과 표현
息子 아들

02

| 동사 た형, い형용사 보통형 | ことに | ~계도 |
| な형용사 だ | なことに | |

悲しいことに10年飼っていた犬が死んでしまいました。
驚いたことに彼女は日本人でした。

낱말과 표현
飼う 기르다
犬 개
死ぬ 죽다

Tip
'ことに' 앞에는 감정을 표현하는 동사나 형용사를 사용합니다.

 포인트 확인

03 동사 가능형

★ 동사 가능형 활용

	기본형	가능형
1그룹 동사	会う 만나다 行く 가다 話す 이야기하다 読む 읽다	会える 만날 수 있다 行ける 갈 수 있다 話せる 이야기할 수 있다 読める 읽을 수 있다
2그룹 동사	見る 보다 起きる 일어나다	見られる 볼 수 있다 起きられる 일어날 수 있다
3그룹 동사	来る 오다 する 하다	来られる 올 수 있다 できる 할 수 있다

明日のパーティーに行けます。
私は料理ができません。

04

| 동사 기본형 | ようになる | ~(하)게 되다 |

彼(かれ)と結婚(けっこん)したいと思(おも)うようになりました。

ギターが弾(ひ)けるようになりたいです。

05

| 동사 ない형 | で | ~(하)지 않고, ~(하)지 말고 |

キムさんは食事(しょくじ)もしないで仕事(しごと)しています。

遊(あそ)ばないで勉強(べんきょう)してください。

낱말과 표현

食事(しょくじ)する 식사하다
仕事(しごと)する 일하다

11 将来の夢

01

| 名詞 をきっかけに | ~을/를 계기로 |

病気をきっかけにたばこを止めました。

ダイエットをきっかけに運動するようになりました。

02

| 何よりも | 무엇보다도 |

健康は何よりも大切なものです。

この映画は何よりもストーリーがおもしろいです。

大切だ 중요하다, 소중하다

A 다음 보기 와 같이 문장을 완성하세요.

1  フランス語を話す

フランス語が話せる<u>ようになりたいです</u>。

(1) 漢字を書く

_____

(2) 自転車に乗る

_____

(3) 辛い料理を食べる

_____

(4) ダンスをする

_____

2

보기 先生
せんせい

私は先生になりたかったです。
わたし

(1) 歌手
か しゅ

_____

(2) 野球選手
や きゅうせんしゅ

_____

(3) パイロット

_____

(4) 看護師
かん ご し

_____

 낱말과 표현

野球 야구 | 選手 선수 | パイロット 조종사 | 看護師 간호사
や きゅう　　　　　せん しゅ　　　　　　　　　　　　　　　　かん ご し

B 다음 문장의 틀린 부분을 찾아서 바르게 쓰세요.

(1) 私は先生がなりたいです。

→

(2) 昨日アルバイトに行かれなかったです。

→

(3) 私は納豆が食べるできます

→

(4) 日本語が話せるようになりでした。

→

(5) 寝なくて勉強しました。

→

 낱말과 표현

納豆 낫토(푹 삶은 메주콩을 볏짚 꾸러미 등에 넣고 띄운 식품)

C 다음 보기 와 같이 자유롭게 문장을 만들어 보세요.

1 보기 ごはんを食べないで、(パンを食べます。)

(1) テレビを見ないで、(　　　　　　　　　　　　　　　　)
(2) 家で勉強しないで、(　　　　　　　　　　　　　　　　)
(3) コーヒーを飲まないで、(　　　　　　　　　　　　　　)
(4) タクシーに乗らないで、(　　　　　　　　　　　　　　)

2 보기 うれしいことに、(試験に合格しました。)

(1) 残念なことに、(　　　　　　　　　　　　　　　　　　)
(2) 幸せなことに、(　　　　　　　　　　　　　　　　　　)
(3) 悔しいことに、(　　　　　　　　　　　　　　　　　　)
(4) 不思議なことに、(　　　　　　　　　　　　　　　　　)

낱말과 표현

タクシー 택시 | 合格する 합격하다 | 悔しい 속상하다, 억울하다

- ☐ 〜で働(はたら)く 〜에서 일하다
- ☐ 〜に勤(つと)める 〜에 근무하다
- ☐ 〜に従事(じゅうじ)する 〜에 종사하다

- ☐ 仕事(しごと) 일
- ☐ 能力(のうりょく) 능력
- ☐ スキル 스킬, 기술
- ☐ 給料(きゅうりょう) 급여
- ☐ ボーナス 보너스
- ☐ 昇進(しょうしん)する 승진하다

- ☐ やりがいがある 보람이 있다
- ☐ 興味(きょうみ)がある 흥미롭다
- ☐ 関心(かんしん)がある 관심이 있다
- ☐ 適正(てきせい)に合(あ)う 적성에 맞다

- ☐ 分野(ぶんや) 분야
- ☐ 専門(せんもん) 전문

- ☐ 航空(こうくう) 항공
- ☐ 金融(きんゆう) 금융
- ☐ 商社(しょうしゃ) 상사
- ☐ マスコミ 매스컴
- ☐ 教育(きょういく) 교육

- ☐ 社会福祉(しゃかいふくし) 사회 복지
- ☐ 販売(はんばい)サービス 판매 서비스
- ☐ ＩＴ 아이티, 정보통신기술
- ☐ 流通(りゅうつう) 유통
- ☐ 芸能界(げいのうかい) 연예계

- ☐ 弁護士(べんごし) 변호사
- ☐ 政治家(せいじか) 정치가
- ☐ 外交官(がいこうかん) 외교관
- ☐ 銀行員(ぎんこういん) 은행원
- ☐ モデル 모델
- ☐ プログラマー 프로그래머
- ☐ デザイナー 디자이너
- ☐ 研究員(けんきゅういん) 연구원
- ☐ 大学教授(だいがくきょうじゅ) 대학 교수
- ☐ 歌手(かしゅ) 가수
- ☐ 俳優(はいゆう) 배우
- ☐ お笑(わら)い芸人(げいにん) 코미디언
- ☐ マネージャー 매니저
- ☐ プロデューサー 프로듀서
- ☐ 映画監督(えいがかんとく) 영화 감독
- ☐ 声楽家(せいがくか) 성악가

장래의 꿈이나 목표에 대하여 써 보세요.

★ 작문의 흐름

| 장래에 무엇이 되고 싶니? 장래에 무엇을 하고 싶니? | → | 왜 그것이 되고 싶니? 왜 그것을 하고 싶니? | → | 그것이 되고 싶거나 하고 싶다고 생각하게 된 계기가 뭐니? |

私の夢は＿＿＿＿＿になることです。＿＿＿＿＿

LESSON

みんなに紹介(しょうかい)したいもの
모두에게 소개하고 싶은 것

🔖 이 과의 작문 목표

모두에게 소개하고 싶은 것에 대하여 쓸 수 있도록 하자.

🔖 작문의 흐름

모두에게 소개하고 싶은 것은 뭐니? 그것은 어떤 것이니?

🔖 이 과의 작문 포인트

- 村上春樹(むらかみはるき)といえば『ノルウェイの森(もり)』が有名(ゆうめい)です。
  무라카미 하루키라고 하면 '노르웨이의 숲'이 유명합니다.
- この小説(しょうせつ)は1987年(ねん)に書(か)かれました。
  이 소설은 1987년에 쓰여졌습니다.
- 日本(にほん)では発行部数(はっこうぶすう)が1,000万部(まんぶ)を超(こ)えたそうです。
  일본에서는 발행부수가 천만 부를 넘었다고 합니다.
- 日本(にほん)だけでなく、世界(せかい)でも人気(にんき)があります。
  일본뿐만 아니라 세계에서도 인기가 있습니다.

　私がみんなに紹介したいものは、村上春樹の小説『ノルウェイの森』です。

　私は日本の小説が好きです。韓国で有名な日本の小説家は、村上春樹や吉本ばなな、そして東野圭吾などですが、その中でも村上春樹が好きです。

5　村上春樹といえば『ノルウェイの森』が有名です。この小説は1987年に書かれてから、20年以上も経ちますが、まだまだ人気があります。日本では発行部数が1,000万部を超えたそうです。2010年には映画にもなりました。

　村上春樹の作品は、日本だけでなく、世界でも人気があります。そのためいろいろな国で翻訳されています。『ノルウェイの森』は、これまでに12ヶ国語に翻訳されていて、韓国では1989年に出版されました。

　小説の舞台は1960年代ですが、登場人物の喪失感や孤独感は現代の若者と同じで、とても共感できます。これが『ノルウェイの森』の魅力だと思います。みなさん、ぜひ読んでみてください。

낱말과 표현

紹介する 소개하다 | ノルウェイの森 노르웨이의 숲 | 経つ 지나다 | 発行部数 발행부수 | ～万部 ~만부 | 超える 넘다 | 世界 세계 | いろいろ 여러 가지 | 翻訳 번역 | 12ヶ国語 12개국어 | 出版 출판 | 舞台 무대 | ～年代 ~년대 | 登場人物 등장인물 | 喪失感 상실감 | 孤独感 고독감 | 現代 현대 | 若者 젊은이 | 同じ だ 같다, 마찬가지이다 | 共感 공감 | 魅力 매력

01

| 명사 | といえば | ~라고 하면 |

韓国といえばキムチです。

クリスマスといえばサンタクロースが思い浮かびます。

- キムチ 김치
- クリスマス 크리스마스
- サンタクロース 산타클로스
- 思い浮かぶ 떠오르다

02

동사 수동형

★ 동사 수동형 활용

	기본형	수동형
1그룹 동사	たたく 두드리다 壊す 고장내다, 부수다 読む 읽다 叱る 혼내다	たたかれる 두드려 맞다 壊される 부서지다 読まれる 읽혀지다 叱られる 혼나다
2그룹 동사	ほめる 칭찬하다 食べる 먹다	ほめられる 칭찬받다 食べられる 먹히다
3그룹 동사	来る 오다 する 하다	来られる 누군가가 와서 피해를 입었다 される 당하다

12 みんなに紹介したいもの

 포인트 확인

02-1 수동 Ⅰ

私は先生にほめられました。

田中さんはキムさんに食事に誘われました。

ハングルはセジョン大王によって作られました。

この小説はいろいろな国で読まれています。

 낱말과 표현

ほめる 칭찬하다
食事 식사
誘う 권하다
ハングル 한글
セジョン大王 세종대왕
によって ~에 의해

02-2 수동 Ⅱ

弟に携帯を壊されました。

電車で女性に足を踏まれました。

昨日雨に降られました。

レストランで恋人に泣かれました。

낱말과 표현

壊す 고장내다, 부수다
足 발
踏む 밟다
恋人 연인, 애인

TIP

수동 Ⅱ는 '피해의 수동형'이라고도 합니다. 이것은 일본어에만 있는 아주 독특한 표현으로 만약 자기가 피해를 입었을 때 불편한 감정을 말로 따로 표현하지 않더라도 수동형만으로 그 감정을 나타낼 수 있습니다.

03

| 보통형 | そうだ | (~다, 라)고 한다 |

試験は難しかったそうです。
鈴木さんは辛い料理が好きだそうです。
日本ではマッコリが人気があるそうです。

낱말과 표현
マッコリ 막걸리

04

| 보통형, 명사 | だけでなく ~も |
| な형용사 だ | なだけでなく~も |

~뿐만 아니라 ~도

パクさんはピアノが弾けるだけでなく、トランペットも吹けます。
キム・ヨナは韓国だけでなく、世界でも有名です。
鈴木さんはきれいなだけでなく、性格もいいです。

낱말과 표현
トランペット 트럼펫
吹く 불다
性格 성격

01 その中でも　　　그 중에서도

いろいろな所に行きましたが、その中でもスペインが一番よかったです。

私は映画が好きです。その中でもアクション映画が好きです。

낱말과 표현
- 所 곳
- アクション 액션

02 そのため　　　그로 인하여, 그 때문에

彼女のお母さんは今入院しています。そのため彼女が家事をしています。

チェジュドが世界遺産に登録されました。そのため観光客が急増しました。

낱말과 표현
- 入院する 입원하다
- 家事 집안일
- チェジュド 제주도
- 世界遺産 세계유산
- 登録する 등록하다
- 観光客 관광객
- 急増する 급증하다

A 다음 보기 와 같이 문장을 완성하세요.

1

보기 山田さんは明日来ます。

　　　山田さんは明日 来るそうです。

(1) 昨日高速道路で事故が起きました。

　　_____

(2) 田中さんは来月引っ越します。

　　_____

(3) あのレストランはおいしいです。

　　_____

(4) 明日は授業がありません。

　　_____

낱말과 표현

高速道路 고속도로 | 事故 사고 | 来月 다음 달 | レストラン 레스토랑

12 みんなに紹介したいもの 157

2  보기 ピアノ, ギター/弾けます

パクさんは ピアノだけでなく、ギターも 弾けます。

(1) 日本語, フランス語/話せます

　　パクさんは _____

(2) 料理, 掃除/上手です

　　弟は _____

(3) 野菜, 肉/食べてください

　　_____

(4) キムさん, イさん/来ました

　　_____

낱말과 표현

フランス語 프랑스어 ｜ 肉 고기

B 다음 문장의 틀린 부분을 찾아서 쓰세요.

(1) 雨の日だといえばマッコリです。

→

(2) 韓国語は世界で勉強られています。

→

(3) この本は若者が読まれています。

→

(4) 明日は雪が降りますそうです。

→

(5) 彼はきゅうりが嫌いなそうです。

→

(6) ハングルは簡単だけでなく、発音もきれいです。

→

낱말과 표현

若者 젊은이 | きゅうり 오이 | 発音 발음

C 다음 보기 와 같이 자유롭게 문장을 만들어 보세요.

1 보기 韓国の花といえば(ムクゲです。)

(1) 夏といえば (　　　　　　　　　　　　　　　　　　　)

(2) 韓国の山といえば (　　　　　　　　　　　　　　　　)

(3) 韓国の正月といえば (　　　　　　　　　　　　　　　)

(4) 最近のニュースといえば (　　　　　　　　　　　　　)

2 보기 この本は、(たくさんの人に読まれています。)

(1) クリスマスソングは、(　　　　　　　　　　　　　　)

(2) ハリーポッターは、(　　　　　　　　　　　　　　　)

(3) 英語は、(　　　　　　　　　　　　　　　　　　　　)

(4) コンピューターは、(　　　　　　　　　　　　　　　)

낱말과 표현

ムクゲ 무궁화 | 山 산 | 正月 정월 | クリスマスソング 캐럴 | ハリーポッター 해리 포터

- □ トレンド 트랜드
- □ 流行(りゅうこう) 유행
- □ ヒット 히트
- □ ランキング 랭킹
- □ ベストセラー 베스트 셀러
- □ ミリオンセラー 밀리언 셀러
- □ ベスト3 베스트 3
- □ お気(き)に入(い)り 마음에 드는 것
- □ おすすめ 추천
- □ 話題(わだい) 화제
- □ 売(う)れ筋(すじ)の〜 잘 팔리는〜
- □ 商品(しょうひん) 상품
- □ 名作(めいさく) 명작

- □ ジャンル 장르, 종류
- □ 原作(げんさく) 원작
- □ 脚本(きゃくほん) 각본
- □ 演出(えんしゅつ) 연출
- □ 監督(かんとく) 감독
- □ 主役(しゅやく) 주연
- □ 俳優(はいゆう) 배우
- □ 女優(じょゆう) 여배우
- □ 出演者(しゅつえんしゃ) 출연자
- □ 脇役(わきやく) 조연
- □ 演技(えんぎ) 연기

- □ 主人公(しゅじんこう) 주인공
- □ 物語(ものがたり) 이야기
- □ あらすじ 줄거리
- □ クライマックス 클라이맥스, 최고조
- □ 名(めい)ぜりふ 명대사
- □ ドラマ 드라마

- □ 芸術性(げいじゅつせい) 예술성
- □ 評価(ひょうか) 평가
- □ 評判(ひょうばん) 평판, 소문
- □ 印象的(いんしょうてき)だ 인상적이다
- □ 伝統工芸(でんとうこうげい) 전통 공예
- □ 名人(めいじん) 명인

- □ ボーカル 보컬
- □ アイドルグループ 아이돌 그룹
- □ ロックバンド 록 밴드
- □ 歌唱力(かしょうりょく) 가창력
- □ 作曲(さっきょく) 작곡
- □ 作詞(さくし) 작사
- □ 主題歌(しゅだいか) 주제곡
- □ 歌詞(かし) 가사
- □ デビューする 데뷔하다

12 みんなに紹介(しょうかい)したいもの

모두에게 소개하고 싶은 것에 대하여 써 보세요.

★ 작문의 흐름

모두에게 소개하고 싶은 것은 뭐니? 그것은 어떤 것이니?

私がみんなに紹介したいものは＿＿＿＿＿＿＿＿＿＿＿です。

＿＿＿＿＿＿＿＿＿＿＿＿＿＿＿＿＿＿＿＿＿＿＿＿＿＿＿＿＿＿＿＿

＿＿＿＿＿＿＿＿＿＿＿＿＿＿＿＿＿＿＿＿＿＿＿＿＿＿＿＿＿＿＿＿

＿＿＿＿＿＿＿＿＿＿＿＿＿＿＿＿＿＿＿＿＿＿＿＿＿＿＿＿＿＿＿＿

＿＿＿＿＿＿＿＿＿＿＿＿＿＿＿＿＿＿＿＿＿＿＿＿＿＿＿＿＿＿＿＿

＿＿＿＿＿＿＿＿＿＿＿＿＿＿＿＿＿＿＿＿＿＿＿＿＿＿＿＿＿＿＿＿

＿＿＿＿＿＿＿＿＿＿＿＿＿＿＿＿＿＿＿＿＿＿＿＿＿＿＿＿＿＿＿＿

＿＿＿＿＿＿＿＿＿＿＿＿＿ぜひ＿＿＿＿＿＿＿＿＿てください。

LESSON

習(なら)い事(ごと)の歴(れき)史(し)

과외의 역사

🔖 이 과의 작문 목표

지금까지 배운 것에 대한 역사에 대하여 쓸 수 있도록 하자.

🔖 작문의 흐름

어릴 때 어떤 아이였니? → 언제 어떤 것을 하게 되었니? → 그것을 해서 어땠니?

🔖 이 과의 작문 포인트

- 母(はは)は私(わたし)にピアノを習(なら)わせました。
  어머니는 저에게 피아노를 배우게 했습니다.
- 英(えい)語(ご)の塾(じゅく)にも通(かよ)わされました。
  영어 학원에도 억지로 다니게 되었습니다.
- 父(ちち)は私に演(えん)歌(か)を歌(うた)わせるためにギターを買(か)ってくれたようです。
  아버지는 저에게 트로트를 부르게 하려고 기타를 사 준 것 같습니다.
- せっかく習(なら)ったのに残(ざん)念(ねん)です。
  모처럼 배웠는데 아깝습니다.

　私は小さいころから、音楽が好きでした。子供の時は、家族の前で、音楽に合わせて歌ったり踊ったりしました。それで、私が4才の時、母は私にピアノを習わせました。でもピアノ教室では自由に歌ったり踊ったりできなかったので、おもしろくありませんでした。次に私は英語の塾にも通わされました。外国人の先生といっしょに英語の歌を歌ったり、ゲームをしたりしました。その授業はとても楽しくて、塾に行くのが楽しみでした。英語もとても上手になりましたが、今はすっかり忘れてしまいました。せっかく習ったのに残念です。

　それから中学生の時、父が私にギターを買ってくれました。私はインターネットでギターの弾き方を見て、一人で練習しました。私はギターを弾くのがおもしろくて、すっかり夢中になりました。父はお酒を飲むと私にギターを弾かせます。そしてギターを弾きながら演歌を歌わせます。私は演歌は好きではありませんが、父のために歌わなければなりません。父は私に演歌を歌わせるためにギターを買ってくれたようです。

낱말과 표현

合わせる 맞추다 | ～才 ~살 | ピアノ教室 피아노교실(학원) | 自由だ 자유롭다 | 塾 학원 | すっかり 푹, 완전히 | 忘れる 잊다 | せっかく 모처럼 | 夢中になる 열중하게 되다 | 演歌 트로트

01　동사 사역형

★ 동사 사역형 활용

	기본형	사역형
1그룹 동사	習(なら)う 배우다	習わせる 배우게 하다
	行(い)く 가다	行かせる 보내다
	読(よ)む 읽다	読ませる 읽히다
	話(はな)す 이야기하다	話させる 이야기시키다
2그룹 동사	見(み)る 보다	見させる 보이다
	食(た)べる 먹다	食べさせる 먹이다
3그룹 동사	来(く)る 오다	来させる 부르다, 오게 하다
	する 하다	させる 시키다

私は子供に牛乳(ぎゅうにゅう)を飲(の)ませました。

田中さんは部下(ぶか)に歌を歌わせました。

彼(かれ)は息子(むすこ)を留学(りゅうがく)させました。

母は私を塾に通わせました。

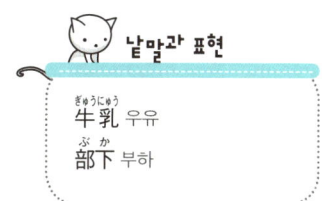

낱말과 표현

牛乳(ぎゅうにゅう) 우유
部下(ぶか) 부하

 포인트 확인

02　동사 사역 수동형

★ 동사 사역 수동형

	기본형	사역 수동형
1그룹 동사	習(なら)う 배우다	習わせられる (마지 못해)배우다 習わされる
	行(い)く 가다	行かせられる (마지 못해)가다 行かされる
	読(よ)む 읽다	読ませられる (마지 못해)읽다 読まされる
	話(はな)す 이야기하다	話させられる (마지 못해)이야기하다 話さされる（×）
2그룹 동사	見(み)る 보다	見させられる (마지 못해)보다
	食(た)べる 먹다	食べさせられる (마지 못해)먹다
3그룹 동사	来(く)る 오다	来(こ)させられる (마지 못해)오다
	する 하다	させられる (마지 못해)하다

私(わたし)は母(はは)に牛乳(ぎゅうにゅう)を飲(の)ませられました(飲まされました)。

私(わたし)は父(ちち)に留学(りゅうがく)させられました。

> **Tip**
> 타인에 의해 억지로 한다는 의미이므로 '마지 못해 ~하다'라고 해석할 수 있습니다. 따로 감정을 표현하지 않고도 그 상황이 유쾌하지 않았음을 나타낼 수 있습니다.

03

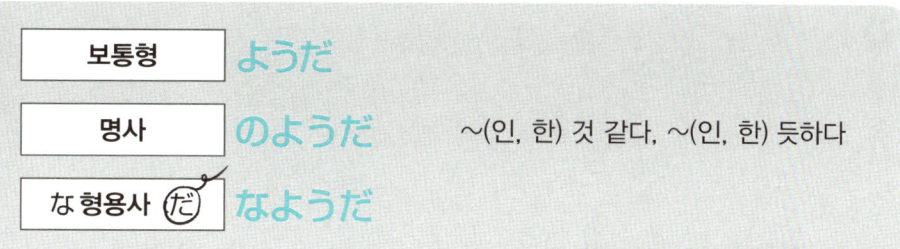

~(인, 한) 것 같다, ~(인, 한) 듯하다

田中さんは家にいないようです。
彼女は彼と別れたようです。
あの食堂はおいしいようです。
パクさんはお金持ちのようです。
この携帯は便利なようです。

낱말과 표현
お金持ち 돈이 많은 사람, 부자

04

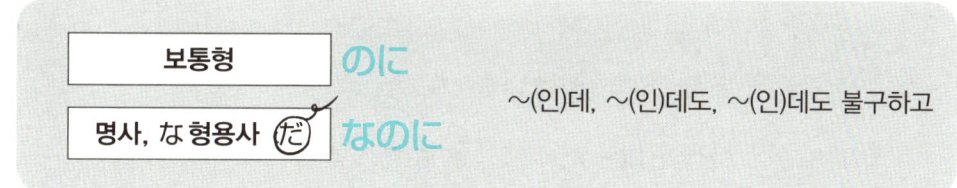

~(인)데, ~(인)데도, ~(인)데도 불구하고

一生懸命勉強したのに、成績はよくなかったです。
体に悪いのに、たばこを吸います。
日曜日なのに、仕事をしなければなりません。
明日は暇なのに予定がありません。

01 すっかり — 완전히

ここはすっかり変わってしまった。

今日レポートを提出することをすっかり忘れていた。

提出する 제출하다

02 せっかく — 모처럼

せっかく来たのに、彼はいなかった。

せっかく料理を作ったのに、誰も食べませんでした。

誰も 아무도

A 다음 보기 와 같이 문장을 완성하세요.

보기 田中さん/就職した

田中さんは就職したようです。

(1) 風邪をひいた

_____

(2) あのスーパー/安い

_____

(3) 彼/英語が上手だ

_____

(4) 鈴木さん/お酒が飲めない

_____

낱말과 표현

就職する 취직하다

B 다음 문장의 틀린 부분을 찾아서 바르게 쓰세요.

(1) 母は私に野菜を食べされます。

→

(2) 先生に漢字を覚えさせれました。

→

(3) 私は弟を泣きました。

→

(4) 田中さんは病気ようです。

→

(5) 熱があるので、学校へ行きました。

→

C 다음 보기 와 같이 자유롭게 문장을 만들어 보세요.

1 보기 先生は学生に (本を読ませます。)

(1) 社長は社員に (　　　　　　　　　　　　　　　　　　　)
(2) 母は私に (　　　　　　　　　　　　　　　　　　　　　)
(3) 父は妹に (　　　　　　　　　　　　　　　　　　　　　)
(4) 祖母は父に (　　　　　　　　　　　　　　　　　　　　)

2 보기 私は母に(掃除をさせられました。)

(1) 私は先生に (　　　　　　　　　　　　　　　　　　　)
(2) 私は父に (　　　　　　　　　　　　　　　　　　　　)
(3) 私は部長に (　　　　　　　　　　　　　　　　　　　)
(4) 私は先輩に (　　　　　　　　　　　　　　　　　　　)

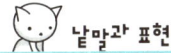

学生 학생 | 社長 사장 | 社員 사원 | 妹 여동생 | 祖母 할머니 | 部長 부장 | 先輩 선배

3 보기 (一生懸命勉強したのに) 試験に落ちました。

(1) (　　　　　　　　　　　) 車を買いました。
(2) (　　　　　　　　　　　) 会社に行きませんでした。
(3) (　　　　　　　　　　　) 上手になりませんでした。
(4) (　　　　　　　　　　　) 遅刻しました。

- 種類(しゅるい) 종류
- 合唱(がっしょう) 합창
- バレエ 발레
- 絵画(かいが) 그림
- 水泳(すいえい) 수영
- テコンドー 태권도

- 無理(むり)に 억지로, 강제로
- さぼる 게으름 피우다. (수업을) 빼먹다. 땡땡이 치다
- 仮病(けびょう) 꾀병

- 成績(せいせき) 성적
- 進学(しんがく) 진학

- 精神力(せいしんりょく) 정신력
- 集中力(しゅうちゅうりょく) 집중력
- 忍耐力(にんたいりょく) 인내력
- 持続力(じぞくりょく) 지속력, 계속해 나가는 능력
- 体力(たいりょく) 체력
- 知力(ちりょく) 지력

- 創造性(そうぞうせい) 창조성
- 感受性(かんじゅせい) 감수성
- 柔軟性(じゅうなんせい) 유연성
- 音楽的感覚(おんがくてきかんかく) 음악적 감각
- リズム感(かん) 리듬감

- 身(み)につける 몸에 익히다
- 向上(こうじょう)する 향상되다
- 豊(ゆた)かだ 풍부하다
- 自信(じしん)がつく 자신감이 생기다
- 才能(さいのう)がある 재능이 있다
- 才能(さいのう)がない 재능이 없다
- やる気(き)がある 할 마음(의지)이 있다
- やる気(き)がない 할 마음(의지)이 없다
- 飽(あ)きる 싫증나다
- 繰(く)り返(かえ)す 반복하다
- 楽(たの)しむ 즐기다
- 止(や)める 그만두다
- 自(みずか)ら 스스로

- 幼稚園(ようちえん) 유치원
- 小学校(しょうがっこう) 초등학교
- 中学校(ちゅうがっこう) 중학교
- 高校(こうこう) 고등학교
- 家庭教師(かていきょうし) 개인 과외 선생, 가정 교사

지금까지 배운 것에 대한 역사에 대하여 써 보세요.

★ 작문의 흐름

| 어릴 때 어떤 아이였니? | → | 언제 어떤 것을 하게 되었니? | → | 그것을 해서 어땠니? |

私は小さいころ＿＿＿＿＿＿＿＿＿＿＿＿＿＿＿＿＿＿＿＿＿＿＿＿＿

＿＿＿＿＿＿＿＿＿＿＿＿＿＿＿＿＿＿＿＿＿＿＿＿＿＿＿＿＿＿＿＿＿

＿＿＿才のとき＿＿＿＿は＿＿＿＿に＿＿＿＿＿＿させました(させられました)。

다음 문장을 밑줄에 주의하여 일본어로 번역해 보세요.

낱말과 표현

선생님 先生 | 어제 昨日 | 아르바이트 アルバイト | 내일 明日 | ~시 ~時 | 오다 来る | 말하다 話す | 자다 寝る | 공부하다 勉強する

1. 저는 선생님<u>이 되고 싶습니다</u>.(가능형을 써서)

   _____

2. 어제 아르바이트에 <u>못 갔습니다</u>.(가능형을 써서)

   _____

3. 내일 9시까지 <u>올 수 있습니까?</u>(가능형을 써서)

   _____

4. 일본어를 <u>말할 수 있게 되었습니다</u>.

   _____

5. <u>자지 않고</u> 공부했습니다.

   _____

낱말과 표현

비 오는 날 雨の日 | 막걸리 マッコリ | 한국어 韓国語 | 세계 世界 | 공부하다 勉強する | 이 この | 책 本 | 젊은이 若者 | 읽다 読む | 눈 雪 | 내리다 降る | 그 彼 | 오이 きゅうり | 싫어하다 嫌いだ | 한글 ハングル | 쉽다 簡単だ | 발음 発音 | 예쁘다 きれいだ

6 비 오는 날이라고 하면 막걸리입니다.

7 한국어는 세계에서 공부되고 있습니다. (수동형을 써서)

8 이 책은 젊은이에게 읽혀지고 있습니다. (수동형을 써서)

9 내일은 눈이 내린다고 합니다.

10 그는 오이를 싫어한다고 합니다.

11 한글은 쉬울 뿐만 아니라 발음도 예쁩니다.

어머니 母 | 채소 野菜 | 먹다 食べる | 한자 漢字 | 외우다 覚える | 남동생 弟 | 울다 泣く |
다나카 씨 田中さん | 열 熱 | 학교 学校

12 어머니는 저에게 채소를 먹입니다.

_____

13 선생님이 한자를 외우게 했습니다.(사역 수동형을 써서)

先生に_____

14 저는 남동생을 울렸습니다.(사역형을 써서)

私は_____

15 다나카 씨는 아픈 것 같습니다.(病気를 써서)

_____

16 열이 있는데도 학교에 갔습니다.

_____

작문 맛보기 해석

LESSON 01

私のうち 저의 집

저의 집은 아파트 10층에 있습니다. 집 앞에는 큰 공원이 있습니다. 공원 옆에는 슈퍼마켓이 있습니다.
저의 방은 그다지 넓지 않습니다만 깨끗합니다. 방에는 책상과 침대가 있습니다. 책상은 문 왼쪽에 있습니다. 책상 위에 노트북 컴퓨터와 작은 책꽂이가 있습니다. PC는 아주 낡고 무겁습니다. 책상 오른쪽에 책장이 있습니다. 책장 안에는 일본어 책과 요리책 등이 많이 있습니다. 나는 요리가 서툴지만 좋아합니다. 침대는 창문 옆에 있습니다. 침대 위에는 곰 인형이 있습니다. 하얗고 귀여운 곰입니다. 방 한가운데에는 테이블이 있습니다. 그 테이블 위에는 컵과 화장품이 있습니다.

LESSON 02

私の一日 저의 하루

저는 언제나 대체로 8시 반에 일어납니다. 그리고 나서 샤워를 합니다. 시간이 없어서 아침밥은 먹지 않습니다. 그리고 9시쯤 집을 나갑니다. 저는 버스로 대학교에 갑니다. 대학교까지는 40분 정도 걸립니다. 저는 1주일에 4일 학교에 갑니다. 화요일부터 금요일까지입니다. 월요일은 수업이 없습니다. 대학 공부는 어렵지만 재미있습니다.

밤에는 좋아하는 작가의 소설을 읽습니다. 좋아하는 작가는 무라카미 하루키입니다. 인터넷도 합니다. 그래서 대체로 2시쯤 잡니다.

주말에는 아르바이트를 합니다. 편의점에서 오전 9시부터 오후 5시까지 일합니다. 아르바이트는 힘들지만 즐겁습니다.

LESSON 03

週末 주말

지난주 토요일은 오전 11시쯤 일어났습니다. 오후 2시쯤에 백화점 앞에서 친구를 만났습니다. 그리고 나서 영화를 보러 갔습니다. 그 영화는 재미있고 매우 감동적인 영화였습니다. 그래서 조금 울었습니다.
일요일은 아침부터 노인요양시설에서 봉사활동을 했습니다. 거기서 어르신들의 식사를 도와드렸습니다. 그리고 나서 같이 노래를 불렀습니다. 모두 노래를 매우 잘했습니다. 저는 노래를 못해서 조금 창피했습니다. 봉사활동은 오후 5시에 끝났습니다. 그리고 나서 친구와 술을 마시러 갔습니다. 노래방에도 갔습니다. 노래방에서 좋아하는 가수의 노래를 여러 곡 불렀습니다. 그리고 밤 11시에 집으로 돌아왔습니다.
바쁜 주말이었습니다.

LESSON 04

趣味 취미

저의 취미는 음악을 듣는 것과 사진을 찍는 것입니다. 음악 중에서 록을 제일 좋아합니다. 특히 미국과 영국의 록을 자주 듣습니다. 슬플 때도 록을 들으면 기운이 납니다. 요전 날 록 콘서트에 갔습니다. 거기에서 큰 목소리로 다같이 노래 불렀습니다. 기분이 매우 좋았습니다. 꼭 다시 가고 싶습니다.
사진은 최근에 시작했습니다. 저는 셔터 소리가 좋습니다. 셔터 소리를 들으면 기분이 좋아집니다. 저는 인물과 풍경을 자주 찍습니다만 아직 잘하지 못합니다. 사진을 찍는 것은 생각보다 어렵습니다. 지금 새 카메라를 갖고 싶습니다. 그리고 더 많이 연습하고 싶습니다.

LESSON 05

思い出の旅行 추억의 여행

저는 작년 여름 방학에 친구 두 명과 여행을 갔습니다. 2박 3일로 일본의 오사카에 갔습니다. 돈이 없었기 때문에 배를 타고 갔습니다.

첫째 날은 배에서 잤습니다. 배는 생각보다 쾌적해서 뱃멀미도 하지 않았습니다.

다음 날 아침에 오사카 항에 도착했습니다. 우리는 우선 가이유칸이라는 수족관에 갔습니다. 수조 속에서 여러 물고기들이 헤엄치고 있었습니다. 다음으로 오사카 성에 갔습니다. 오사카 성은 매우 크고 훌륭했습니다.

셋째 날에는 유니버설 스튜디오에서 놀았습니다. 그곳에서 놀이기구를 타기도 하고 기념품을 사기도 했습니다. 그리고 나서 도톤보리에 갔습니다. 도톤보리는 음식점이 많이 줄지어 있고 매우 떠들썩했습니다. 우리는 다코야키를 사 먹었습니다. 조금 비쌌지만 맛있었습니다.

첫 해외여행은 정말 즐거웠습니다.

LESSON 06

記念日 기념일

어제는 저의 생일이었습니다. 그래서 아침부터 매우 행복했습니다.

아침밥은 어머니가 미역국을 끓여 주었습니다. 굉장히 맛있었습니다. 아침밥을 먹고 나서 학교에 갔습니다. 학교에서 수업을 받고 있을 때 휴대전화로 「생일 축하해.」라는 메시지가 왔습니다. 메시지를 보낸 사람은 놀랍게도 원빈이었습니다. 수업이 끝나고 원빈과 저녁을 먹으러 갔습니다. 레스토랑에 들어가 의자에 앉았습니다. 그리고 원빈이 '생일 축하해.'라고 말하면서 생일 축하 노래를 불러주었습니다. 저는 감동했습니다. 케이크의 촛불을 불어서 끄고 '고마워요.'라고 말했습니다. 그리고 나서 선물을 받았습니다. 작은 상자였습니다. 저는 원빈 앞에서 그 상자를 열었습니다. 그 때 잠이 깼습니다. 조금 아쉬웠지만, 행복한 꿈이었습니다. 내년 생일도 원빈이 축하해주면 좋겠습니다.

LESSON 07

もし1,000万ウォンあったら… 만일 천만 원이 있으면……

저는 지금까지 외국에 가 본 적이 없습니다. 만일 천만 원이 있으면 스페인에 가고 싶습니다. 스페인에는 유명한 건축가인 안토니 가우디의 작품이 있습니다. 제가 어렸을 때 텔레비전에서 스페인을 소개하는 프로그램이 있었습니다. 그 때 가우디가 만든 사그라다 파밀리아라고 하는 건물을 처음 보았습니다. 그 건물을 보았을 때 제 주위의 건물과 전혀 다르다고 생각했습니다. 저는 그때의 감동을 지금도 기억하고 있습니다. 그래서 스페인에 가서 꼭 사그라다 파밀리아를 실제로 보고 싶습니다.

또한, 다른 나라에도 가 보고 싶습니다. 스페인 가까이에 프랑스나 이탈리아가 있으니까 기차(전철)나 버스로 느긋하게 여행하면 즐겁겠다고 생각합니다. 여러 나라를 돌아보면서 아름다운 풍경을 보거나 맛있는 음식을 먹거나 하면 행복하겠다고 생각합니다. 생각하는 것만으로도 즐겁습니다.

LESSON 08

最悪な日 최악의 날

지난주 금요일은 최악이었다. 금요일은 오전 10시부터 수업이 있으므로 항상 8시쯤 일어나서 9시쯤 출발한다. 하지만 그날은 일어나서 시계를 보니 9시였다. 나

작문 맛보기 해석

는 놀랐다. 그래서 10분 만에 준비하고 버스정류장까지 달려갔다. 하지만 버스가 좀처럼 오지 않아서 정말 화가 나고 초조했다. 버스에서 내리고 나서 또 뛰었지만 횡단보도를 건널 때 길 한가운데에서 넘어지고 말았다. 너무 창피했다. 결국 수업에 1시간이나 지각하고 말았다. 그날은 내가 발표할 예정이었으나 발표할 수 없었다.

수업이 끝나고 친구와 점심을 먹으러 갔다. 하지만 식권을 살 때 지갑이 보이지 않았다. 울고 싶었다. 결국 친구가 내주었다.

지난주 금요일은 마음도 몸도 아픈 하루였다.

LESSON 09
休みの計画 휴가 계획

저의 여름 방학 계획은 세 가지 있습니다.

우선 컴퓨터학원에 다녀서 자격증을 따려고 생각하고 있습니다. 컴퓨터 자격증 중에서 저는 MOS자격증을 따고 싶습니다. 조금 어렵지만, 열심히 할 생각입니다.

다음은 토익공부도 할 생각입니다. 영어는 서툴지만 좋은 회사에 취직하기 위해서 공부해야 합니다. 여름 방학에 열심히 공부해서 점수를 50점 정도 올리고 싶습니다.

마지막으로, 공부만 하면 스트레스가 쌓입니다. 그래서 1주일 정도 여행 가려고 생각하고 있습니다. 철도로 한국의 유명한 곳을 천천히 돌아볼 생각입니다. 여행하면서 사진을 찍기도 하고 새로운 친구를 만들기도 하고 싶습니다.

이상이 저의 여름 방학 계획입니다. 전부 할 수 있을지 모르겠지만 노력할 생각입니다.

LESSON 10
驚いたこと 놀랐던 일

저는 일본에 가서 놀랐던 일이 있습니다. 그것은 자전거를 타고 있는 사람이 많은 것입니다. 일본에서는 아이부터 어르신까지 많은 사람이 자전거를 타고 있었습니다.

그 중에서 가장 놀랐던 것은, 자신의 앞과 뒤에 작은 아이를 한 명씩 태우고 있었던 여성을 봤을 때였습니다. 매우 무겁고 힘들어 보였습니다. 일본에서는 자전거에 두 명이 타서는 안 됩니다. 하지만 그 여성은 세 명에서 타고 있었습니다. 매우 위험하다고 생각했습니다.

다음으로 놀란 것은 젊은 여성이 짧은 치마를 입고 타고 있었던 것을 보았을 때였습니다. 오른손으로 핸들을 잡고 왼손으로 치마를 누르고 있었습니다. 이런 사람을 한국에서 본 적이 없었기 때문에 매우 놀랐습니다. 치마를 입고 자전거를 타도 됩니다만 조금 창피하다고 생각했습니다.

위험한 방법으로 타면 안 됩니다만, 자전거는 환경에도 좋고 몸에도 좋으므로 한국에서도 많은 사람이 타면 좋겠다고 생각합니다.

LESSON 11
将来の夢 장래의 꿈

저의 꿈은 객실승무원이 되는 것입니다. 저는 중학교 2학년 여름 방학에 가족과 같이 해외여행을 갔습니다. 비행기를 타는 것은 처음이었으므로 매우 긴장했습니다. 자리에 앉고 나서도 계속 두근두근했었습니다. 그때 승무원 언니가 와서 「괜찮아요」라고 미소 지은 얼굴로 말을 걸어 주었습니다. 그 말을 듣고, 신기하게도 긴장이 풀렸습니다. 그때 일은 지금도 선명히 기억하고 있습니다. 이 여행을 계기로 저도 객실승무원이 되고 싶다는 생각을 하게 되었습니다. 객실승무원이 되기 위해서는 외국어를 (말) 할 수 있어야 합니다. 저는 영어는 조금 (말) 할 줄 압니다만, 다른 외국어는 못 합니다. 그래서 다른 외국어도 할 수 있게 되고 싶습니다. 꿈을 이루기 위해서는 무엇보다도 노력이 필요합니다. 끝까지 꿈을 포기하지 않고 열심히 하려고 생각합니다.

LESSON 12

みんなに紹介したいもの
모두에게 소개하고 싶은 것

제가 여러분에게 소개하고 싶은 것은 무라카미 하루키의 소설 '노르웨이의 숲'입니다.

저는 일본소설을 좋아합니다. 한국에서 유명한 일본소설가는 무라카미 하루키나 요시모토 바나나 그리고 히가시노 케이고 등입니다만, 그 중에서도 무라카미 하루키를 좋아합니다.

무라카미 하루키라고 하면 '노르웨이의 숲'이 유명합니다. 이 소설은 1987년에 쓰여지고 나서 20년 이상이나 지났지만, 아직도 인기가 있습니다. 일본에서는 발행 부수가 천만 부를 넘었다고 합니다. 2010년에는 영화(화)도 되었습니다.

무라카미 하루키의 작품은 일본뿐만 아니라 세계에서도 인기가 있습니다. 그로 인하여 여러 나라에서 번역되어 있습니다. '노르웨이의 숲'은 지금까지 12개 국어로 번역되어 있고 한국에서는 1989년에 한국어판이 출판되었습니다. 한국어 제목은 '상실의 시대'로 한국에서도 많은 사람에게 읽혀지고 있습니다.

소설의 무대는 1960년대이지만 등장인물의 상실감이나 고독감은 현대 젊은이들과 마찬가지여서 매우 공감할 수 있습니다. 이것이 '노르웨이의 숲'의 매력이라고 생각합니다. 여러분 꼭 읽어 보세요.

LESSON 13

習い事の歴史
과외의 역사

저는 어릴 때부터 음악을 좋아했습니다. 어렸을 때는 가족 앞에서 음악에 맞추어 노래하기도 하고 춤추기도 했습니다. 그래서 제가 4살 때, 어머니는 저에게 피아노를 배우게 했습니다. 하지만 피아노교실에서는 자유롭게 노래하거나 춤추거나 할 수 없었으므로 재미가 없었습니다. 다음으로 영어 학원에도 억지로 다니게 되었습니다. 외국인 선생님과 같이 영어노래를 부르기도 하고 게임을 하기도 했습니다. 그 수업은 매우 즐거워서 학원에 가는 것이 즐거움이었습니다. 영어도 매우 잘 하게 되었습니다만, 지금은 완전히 잊어버리고 말았습니다. 모처럼 배웠는데 아깝습니다.

그리고 나서 중학생 때, 아버지가 저에게 기타를 사 주었습니다. 저는 인터넷에서 기타를 치는 법을 보고 혼자서 연습했습니다. 저는 기타를 치는 것이 재미있어서 완전히 열중하게 되었습니다. 아버지는 술을 마시면 저에게 기타를 치게 합니다. 그리고 기타를 치면서 트로트를 부르게 합니다. 저는 트로트를 좋아하지 않지만, 아버지를 위해서 노래해야 합니다. 아버지는 저에게 트로트를 부르게 하기 위해서 기타를 사 준 것 같습니다.

기본 연습 및 복습 체크 정답

LESSON 01

기본 연습 A_20쪽

(1) テーブルの下にごみ箱があります。
(2) 本棚の中に日本の小説があります。
(3) たんすの横にかがみがあります。
(4) 部屋の真ん中にベッドがあります。

기본 연습 B_21쪽

(1) 私の部屋はきたなくありません。
(2) ここは静かです。
(3) ここはきれいではありません。
(4) これは新しくありません。
(5) 私は歌が得意です。

기본 연습 C_22쪽

1 정답 예

(1) 部屋は(明るいですが狭いです。)
(2) ベッドは(大きいですが古いです。)
(3) テーブルは(小さいですがかわいいです。)
(4) 本棚は(きれいですが小さいです。)

2 정답 예

(1) 私のノートパソコンは(小さくて軽いです。)
(2) 私の大学は(広くてきれいです。)
(3) 私の部屋は(狭くて暗いです。)
(4) 私の友だちは(真面目でかっこいいです。)

LESSON 02

기본 연습 A_32쪽

(1) 7時に起きます。
(2) テレビを見ません。
(3) 朝ごはんを食べます。
(4) 図書館へ/に行きません。

기본 연습 B_33쪽

(1) 今日は学校へ行きません。
(2) 私は9時に起きます。
(3) 図書館は静かですからいいです。
(4) 家まで地下鉄で帰ります。
(5) 日本の小説はおもしろいですからいつも読みます。/日本の小説はおもしろいです。それでいつも読みます。

기본 연습 C_34쪽

1 정답 예

(1) (この服)は(高いです)から買いません。
(2) (あの歌手)は(歌が下手です)から人気がありません。
(3) (彼)は(やさしいです)から好きです。
(4) (その映画)は(ホラー映画です)から嫌いです。

〈낱말과 표현〉

服 옷 | 歌手 가수 | ホラー映画 공포영화

기본 연습 D_34쪽

(1) パソコン（で）宿題をします。
(2) 6時ぐらい（に）ごはんを食べます。
(3) バスで駅（へ/に）行きます。
(4) テレビを見ます。（それから/そして）寝ます。

01~02 복습 체크_37~38쪽

(1) 私の部屋はきたなくありません。
(2) ここは静かです。
(3) ここはきれいではありません。
(4) これは新しくありません。
(5) 私は歌が得意です。
(6) 今日は学校へ/に行きません。
(7) 私は9時に起きます。
(8) 図書館は静かですからいいです。
(9) 家まで地下鉄で帰ります。
(10) 日本のドラマはおもしろいですから好きです。

LESSON 03

기본 연습 A_44쪽

(1) バスで行きませんでした。
(2) 11時に寝ました。
(3) 歌を歌いませんでした。
(4) 歯を磨きました。

기본 연습 B_45쪽

(1) 昨日は8時に起きました。
(2) ごはんを食べに行きました。
(3) これはとても高かったです。
(4) そこは静かでした。
(5) テストの成績がよかったです。
(6) その料理は安くておいしかったです。

기본 연습 C_46쪽

1 정답 예

(1) 恋人に（会いに行きます。）
(2) ロッテワールドへ（遊びに行きます。）
(3) 昼ごはんを（食べに行きます。）
(4) 学校へ（試験を受けに行きます。）

〈낱말과 표현〉

会います 만납니다 | 遊びます 놉니다 | 試験を受けます 시험을 봅니다

2 정답 예

(1) そのまんがは（おもしろくなかったです。）
(2) キムさんの部屋は（広かったです。）
(3) パーティーは（にぎやかでした。）
(4) 山田さんはギターが（上手ではありませんでした。）

LESSON 04

기본 연습 A_56쪽

(1) 高い車を/が買いたいです。

기본 연습 및 복습 체크 정답

(2) おもしろい小説を/が読みたいです。
(3) 日本のラーメンを/が食べたいです。
(4) 有名な会社で働きたいです。

기본 연습 B_57쪽

(1) 趣味は映画を見ることです。
(2) バスで行くのは大変です。
(3) 私はノートパソコンがほしいです。
(4) 最近暑くなりました。
(5) 私はお酒を飲むとよく話します。

기본 연습 C_58쪽

1 정답 예

(1) (友だちと話す)と気分がよくなります。
(2) (寝ない)と病気になります。
(3) (運動する)と健康になります。
(4) (日本人と話す)と日本語が上手になります。

〈낱말과 표현〉
話す 말하다 | 寝る 자다 | 運動する 운동하다 |
日本人 일본인

2 정답 예

(1) 私の趣味は(ギターを弾くことです。)
(2) 弟の趣味は(絵を描くことです。)
(3) (キム)さんの趣味は(まんがを読むことです。)
(4) (田中)さんの趣味は(サッカーをすることと旅行することです。)

〈낱말과 표현〉
ギターを弾く 기타를 치다 | 絵を描く 그림을 그리다 |
サッカー 축구 | 旅行する 여행하다

03~04 복습 체크 _61~62쪽

(1) 昨日は8時に起きました。
(2) ごはんを食べに行きました。
(3) これはとても高かったです。
(4) そこは静かでした。
(5) テストの成績がよかったです。
(6) その料理は安くておいしかったです。
(7) 趣味は映画を見ることです。
(8) バスで行くのは大変です。
(9) 私はノートパソコンがほしいです。
(10) 最近暑くなりました。
(11) 私はお酒を飲むとよく話します。

LESSON 05

기본 연습 A_70쪽

(1) 掃除したり洗濯したりしました。
(2) 本を読んだりメールを書いたりしました。
(3) 食べたり飲んだりしました。
(4) 走ったり泳いだりしました。

기본 연습 B_71쪽

(1) 今レポートを書いています。
(2) 図書館に行って本を読みます。
(3) そこで遊んだり泳いだりしました。

(4) おいしくてたくさん食べました。
(5) この携帯電話は便利で人気があります。

기본 연습 C_72쪽

정답 예

(1) 12時に昼ごはんを食べて、1時に友だちとコーヒーを飲みました。
(2) 2時に授業が終わって、5時にデパートで買い物をしました。
(3) 6時に友だちと晩ごはんを食べて、8時にカラオケに行きました。
(4) 10時に勉強して、12時に寝ました。

기본 연습 D_72쪽

(1) (犬が死んで) 泣きました。
(2) (仕事が忙しくて) 病気になりました。
(3) (おいしくなくて) 食べませんでした。
(4) (きれいで) びっくりしました。

〈낱말과 표현〉
犬 개 | 死ぬ 죽다

LESSON 06

기본 연습 A_82쪽

(1) 私はキムさんにジュースをあげました。
(2) 母は私に携帯電話をくれました。
(3) パクさんは鈴木さんに指輪をあげました。
(4) キムさんは田中さんに花束をもらいました。

기본 연습 B_83쪽

(1) キムさんはパクさんに本をあげました/もらいました。
(2) 妹は父にプレゼントをあげました。
(3) パクさんは私を家まで送ってくれました。
(4) 彼は私に歌を歌ってくれました。
(5) 私は彼に靴を買ってほしいです。

기본 연습 C_84쪽

1 정답 예

(1) パクさんは (私に傘を貸してくれました。)
(2) 私は (弟に料理を作ってあげました/やりました。)
(3) キムさんは (私にメールを送ってくれました。)
(4) 私は (キムさんをディズニーランドへ連れて行ってあげました。)

〈낱말과 표현〉
傘 우산 | 貸す 빌려주다 | 料理 요리 | 連れて行く 데리고 가다

2 정답 예

(1) (歌いながら) 踊ります。
(2) (友だちと話しながら) 歩きます。
(3) (辞書で調べながら) 勉強します。
(4) (ガムをかみながら) 運転します。

〈낱말과 표현〉
辞書で調べる 사전을 찾다 | ガム 껌 | かむ 씹다

기본 연습 및 복습 체크 정답

05-06 복습 체크 _87-88쪽

(1) 今レポートを書いています。
(2) 図書館に行って本を読みます。
(3) そこで遊んだり泳いだりしました。
(4) おいしくてたくさん食べました。
(5) この携帯電話は便利で人気があります。
(6) キムさんはパクさんに本をあげました/もらいました。
(7) 妹は父にプレゼントをあげました。
(8) パクさんは私を家まで送ってくれました。
(9) 彼は私に歌を歌ってくれました。
(10) 私は彼に靴を買ってほしいです。

LESSON 07

기본 연습 A_97~98쪽

1
(1) 温泉に入ってみたいです。
(2) 外国で韓国語を教えてみたいです。
(3) 宇宙に行ってみたいです。
(4) オリンピックに出場してみたいです。

2
(1) 馬に乗ったことがあります。
(2) 留学したことがあります。
(3) たばこを吸ったことがありません。
(4) 料理したことがありません。

기본 연습 B_99쪽

(1) 日本で何を/がしてみたいですか。
(2) 私は子供の時アメリカに行ったことがあります。
(3) 映画はおもしろかったと思います。
(4) 私は明日雨は降らないと思います。
(5) その話を聞いた時びっくりしました。

기본 연습 C_100쪽

1 정답 예
(1) (時間があったら) 寝ます。
(2) (毎日運動したら) やせます。
(3) (雨が降らなかったら) キャンプに行きます。
(4) (お金がなかったら) アルバイトをします。

〈낱말과 표현〉

時間 시간 | 毎日 매일 | 雨が降る 비가 오다

2 정답 예
(1) (キム) さんは (親切だと思います。)
(2) (田中) さんの部屋は (きたないと思います。)
(3) 韓国の経済は (よくなっていると思います。)
(4) 韓国の大学生は (大変だと思います。)

〈낱말과 표현〉

大変だ 힘들다

LESSON 08

기본 연습 A_108~109쪽

1
(1) 宿題を忘れてしまいました。
(2) 0点を取ってしまいました。
(3) 5キロも太ってしまいました。
(4) 高いかばんを買ってしまいました。

2
(1) 辛い料理を食べることができます。
(2) 朝早く起きることができます。
(3) お酒を飲むことができません。
(4) 泳ぐことができません。

기본 연습 B_110쪽

(1) 約束の時間に遅れてしまいました。
(2) アメリカに留学する予定です。
(3) 私は日本語を話すことができます。
(4) 父は料理することができません。
(5) 昨日忙しかったので疲れました。

기본 연습 C_111쪽

1 정답 예
(1) 来週の土曜日(トーイックを受ける予定です。)
(2) あさって(旅行に行く予定です。)
(3) 週末(引っ越す予定です。)
(4) 冬休み(友だちとスキーに行く予定です。)

〈낱말과 표현〉
トーイックを受ける 토익을 보다 | 引っ越す 이사하다 | スキー 스키

2 정답 예
(1) (ケーキは甘くておいしいので)好きです。
(2) (歯医者は怖いので)嫌いです。
(3) (成績がよかったので)嬉しいです。
(4) (今日遅刻したので)恥ずかしいです。

〈낱말과 표현〉
ケーキ 케이크 | 甘い 달다 | 歯医者 치과 | 怖い 무섭다 | 成績 성적 | 遅刻する 지각하다

기본 연습 D_112쪽

정답 예
(1) 鈴木くんと晩ごはんを食べた。
(2) 風邪をひいたので病院に行った。
(3) テストが終わった。
(4) 彼とけんかした。

〈낱말과 표현〉
晩ごはん 저녁 식사 | 病院 병원 | テスト 시험 | 終わる 끝나다 | けんかする 싸우다

07~08 복습 체크_115~116쪽

(1) 日本に行ったら何を/がしてみたいですか。
(2) 私は日本に行ったことがあります。
(3) 映画はおもしろかったと思います。
(4) 私は明日雨は降らないと思います。
(5) その話を聞いた時びっくりしました。

기본 연습 및 복습 체크 정답

(6) 約束の時間に遅れてしまいました。
(7) アメリカに留学する予定です。
(8) 私は日本語を話すことができます。
(9) 父は料理することができません。
(10) ここは不便なので引っ越したいです。

LESSON 09

기본 연습 A_122쪽

(1) 明日先生に相談するつもりです。
(2) 今年は会話の勉強を頑張るつもりです。
(3) これからもたばこは吸わないつもりです。
(4) 来年ヨーロッパに旅行に行くつもりです。

기본 연습 B_123쪽

(1) 明日レポートを出そうと思っています。
(2) 明日は朝7時に起きようと思っています。
(3) 来週映画を見に行くつもりです。
(4) 日本に行くためにアルバイトします。
(5) 彼のためにプレゼントを買いました。
(6) 発表がありますから、準備しなければなりません。

기본 연습 C_124쪽

1 정답 예

(1) 試験勉強するために(図書館に行こうと思っています。)
(2) やせるために(運動しようと思っています。)
(3) 旅行に行くために(アルバイトをしようと思っています。)
(4) 友だちを作るために(サークルに入ろうと思っています。)

〈낱말과 표현〉
図書館 도서관 | 運転免許を取る 운전면허를 따다 | サークルに入る 동아리에 들어가다

2 정답 예

(1) 野菜は嫌いですが、(食べなければなりません。)
(2) 明日早く出発しますから、(早く寝なければなりません。)
(3) 来年卒業ですから、(就職活動をしなければなりません。)
(4) 来週恋人の誕生日なので、(プレゼントを買わなければなりません。)

〈낱말과 표현〉
早く 일찍 | 就職活動 취업활동 | プレゼント 선물

LESSON 10

기본 연습 A_132쪽

(1) 明日は寒そうです。
(2) 今年の夏は暑そうです。
(3) 山田さんはいつも忙しそうです。
(4) 田中さんは最近暇そうです。

기본 연습 B_133쪽

(1) 授業中に食べ物を食べてはいけません。

(2) ここでたばこを吸ってもいいです。
/ここでたばこを吸ってはいけません。
(3) 今日は宿題をしなくてもいいです。
(4) 彼女は声がきれいなので歌が上手そうです。
(5) ここは静かだし、景色もいいので人気があります。
(6) 明日は暇だし、宿題もないので、遊びに行きます。

기본 연습 C_134쪽

1 정답 예

(1) 風邪をひいているので、(シャワーを浴びてはいけません。)
(2) 風邪が治ったので、(シャワーを浴びてもいいです。)
(3) ダイエットをしているので、(お菓子を食べてはいけません。)
(4) ダイエットを止めたので、(お菓子を食べてもいいです。)

〈낱말과 표현〉
シャワーを浴びる 샤워를 하다 | お菓子 과자

2 정답 예

(1) (主人公がきれいだ)し(ストーリーもおもしろい)ので、この映画はヒットしています。
(2) (メロディーもいい)し(歌詞もいい)ので、この歌が好きです。
(3) (歴史が長い)し(有名な)ので、そこへ行ってみたいです。
(4) (大変だ)し(難しい)ので、それが嫌いです。

〈낱말과 표현〉
主人公 주인공 | ストーリー 스토리 | メロディー 멜로디 | 歌詞 가사 | 歴史 역사

09-10 복습 체크_137-138쪽

(1) 明日レポートを出そうと思っています。
(2) 明日は朝7時に起きようと思っています。
(3) 来週映画を見に行くつもりです。
(4) 日本に行くためにアルバイトします。
(5) 彼のためにプレゼントを買いました。
(6) 発表がありますから/あるので、準備しなければなりません。
(7) 授業中に食べ物を食べてはいけません。
(8) ここでたばこを吸ってもいいです。
(9) 今日は宿題をしなくてもいいです。
(10) 彼女は声がきれいなので歌が上手そうです。
(11) ここは静かだし、景色もいいので、人気があります。
(12) 明日は暇だし、宿題もないので、遊びに行きます。

기본 연습 및 복습 체크 정답

LESSON 11

기본 연습 A_145~146쪽

1
(1) 漢字が書けるようになりたいです。
(2) 自転車に乗れるようになりたいです。
(3) 辛い料理が食べられるようになりたいです。
(4) ダンスができるようになりたいです。

2
(1) 私は歌手になりたかったです。
(2) 私は野球選手になりたかったです。
(3) 私はパイロットになりたかったです。
(4) 私は看護師になりたかったです。

LESSON 11 기본 연습 B_147쪽
(1) 私は先生になりたいです。
(2) 昨日アルバイトに行けませんでした。
(3) 私は納豆が食べられます。
(4) 日本語が話せるようになりました。
(5) 寝ないで勉強しました。

기본 연습 C_148쪽

1 정답 예
(1) テレビを見ないで、(本を読みます。)
(2) 家で勉強しないで、(図書館で勉強します。)
(3) コーヒーを飲まないで、(牛乳を飲みます。)
(4) タクシーに乗らないで、(バスに乗ります。)

〈낱말과 표현〉
牛乳 우유

2 정답 예
(1) 残念なことに、(好きだった人が結婚してしまいました。)
(2) 幸せなことに、(彼がプロポーズしてくれました。)
(3) 悔しいことに、(試験に落ちてしまいました。)
(4) 不思議なことに、(なくした財布が見つかりました。)

〈낱말과 표현〉
結婚する 결혼하다 | プロポーズする 프로포즈하다 | 試験に落ちる 시험에 떨어지다 | なくす 잃다 | 財布 지갑 | 見つかる 찾게 되다

LESSON 12

기본 연습 A_157-158쪽

1
(1) 昨日高速道路で事故が起きたそうです。
(2) 田中さんは来月引っ越すそうです。
(3) あのレストランはおいしいそうです。
(4) 明日は授業がないそうです。

2
(1) パクさんは日本語だけでなく、フランス語も話せます。
(2) 弟は料理だけでなく、掃除も上手です。
(3) 野菜だけでなく、肉も食べてください。
(4) キムさんだけでなく、イさんも来ました。

기본 연습 B_159쪽

(1) 雨の日といえばマッコリです。
(2) 韓国語は世界で勉強されています。
(3) この本は若者に読まれています。
(4) 明日は雪が降るそうです。
 /明日は雪が降りそうです。
(5) 彼はきゅうりが嫌いだそうです。
(6) ハングルは簡単なだけでなく、発音もきれいです。

기본 연습 C_160쪽

1 정답 예

(1) 夏といえば(すいかです。)
(2) 韓国の山といえば(ソラクサンです。)
(3) 韓国の正月といえば(トックッです。)
(4) 最近のニュースといえば(大統領選挙です。)

〈낱말과 표현〉

すいか 수박 | ソラクサン 설악산 | トックッ 떡국 | 大統領選挙 대통령 선거

2 정답 예

(1) クリスマスソングは、(たくさんの人に歌われています。)
(2) ハリーポッターは、(たくさんの人に読まれています。)
(3) 英語は、(たくさんの人に話されています。)
(4) コンピューターは、(たくさんの人に使われています。)

〈낱말과 표현〉

たくさんの 많은 | 人 사람 | 使う 쓰다

LESSON 13

기본 연습 A_169쪽

(1) 風邪をひいたようです。
(2) あのスーパーは安いようです。
(3) 彼は英語が上手なようです。
(4) 鈴木さんはお酒が飲めないようです。

기본 연습 B_170쪽

(1) 母は私に野菜を食べさせます。
(2) 先生に漢字を覚えさせられました。
(3) 私は弟を泣かせました。
(4) 田中さんは病気のようです。
(5) 熱があるのに、学校へ行きました。
 /熱があるので、学校へ行きませんでした。

기본 연습 C_171-172쪽

1 정답 예

(1) 社長は社員に (お酒を飲ませます。)
(2) 母は私に (掃除をさせます。)
(3) 父は妹に (運動させます。)
(4) 祖母は父に (家の修理をさせます。)

〈낱말과 표현〉

お酒 술 | 掃除 청소 | 修理 수리

기본 연습 및 복습 체크 정답

2 정답 예
(1) 私は先生に(レポートを書かせられます/書かされます。)
(2) 私は父に(皿を洗わせられます/洗わされます。)
(3) 私は部長に(残業させられます。)
(4) 私は先輩に(あいさつさせられます。)

〈낱말과 표현〉
皿 접시｜洗う 닦다｜残業する 야근하다｜あいさつする 인사하다

3 정답 예
(1) (お金がないのに)車を買いました。
(2) (仕事がたくさんあるのに)会社に行きませんでした。
(3) (一生懸命練習したのに)上手になりませんでした。
(4) (朝早く起きたのに)遅刻しました。

〈낱말과 표현〉
仕事 일｜一生懸命 열심히｜練習する 연습하다｜朝早く 아침 일찍

11~13 복습 체크 _175~177쪽
(1) 私は先生になりたいです。
(2) 昨日アルバイトに行けませんでした。
(3) 明日9時までに来られますか。
(4) 日本語が話せるようになりました。
(5) 寝ないで勉強しました。
(6) 雨の日といえばマッコリです。
(7) 韓国語は世界で勉強されています。
(8) この本は若者に読まれています。
(9) 明日は雪が降るそうです。
(10) 彼はきゅうりが嫌いだそうです。
(11) ハングルは簡単なだけでなく発音もきれいです。
(12) 母は私に野菜を食べさせます。
(13) 先生に漢字を覚えさせられました。
(14) 私は弟を泣かせました。
(15) 田中さんは病気のようです。
(16) 熱があるのに、学校へ/に行きました。

색인

★ 본 색인은 각 과의 낱말과 표현, 포인트 확인, 표현 플러스, 어휘력UP에 나오는 문형, 어휘를 포함합니다.

★ 반복되는 문형, 어휘는 첫회만 기재했습니다.

가나다 순

숫자, 영문

10분 10分(じゅっぷん)	30
10층 10階(じゅっかい)	14
12개국어 12ヶ国語(じゅうにかこくご)	152
1시간 1時間(いちじかん)	30
1주일 1週間(いっしゅうかん)	26
20분 20分(にじゅっぷん)	30
2년 2年(にねん)	107
2박 3일 二泊三日(にはくみっか)	64
2시간 2時間(にじかん)	30
2학년 2年生(にねんせい)	140
30분 30分(さんじゅっぷん)	30
3시간 3時間(さんじかん)	30
3월 3月(さんがつ)	105
3일째 三日目(みっかめ)	68
40분 40分(よんじゅっぷん)	30
4시간 4時間(よじかん)	30
4일 4日(よっか)	26
4일째 四日目(よっかめ)	68
50분 50分(ごじゅっぷん)	30
5시간 5時間(ごじかん)	30
5일째 五日目(いつかめ)	68
6시간 6時間(ろくじかん)	30
6일째 六日目(むいかめ)	68
7시간 7時間(しちじかん)	30
7일간 7日(間)(なのか(かん))	30
7일째 七日目(なのかめ)	68
F학점을 받다 単位(たんい)を落(お)とす	113
PC パソコン	14

ㄱ

가게 店(みせ)	34
가깝다 近(ちか)い	16
가다 行(い)く	51
가르치다 教(おし)える	79
가방 かばん	59
가볍다 軽(かる)い	16
가사 歌詞(かし)	161
가수 歌手(かしゅ)	40
가이드 ガイド	73
가이유칸(오사카 항 근처에 있는 수족관) 海遊館(かいゆうかん)	64
가정 교사 家庭教師(かていきょうし)	173
가족 家族(かぞく)	43
가지고 싶다 ほしい	50
가창력 歌唱力(かしょうりょく)	161
가치관 価値観(かちかん)	135

부록 색인 **193**

색인

한국어	일본어	쪽
각본	脚本(きゃくほん)	161
간단하다	簡単(かんたん)だ	52
간호사	看護師(かんごし)	146
갈아타다	乗(の)り換(か)える	73
감기	風邪(かぜ)	106
감독	監督(かんとく)	161
감동적	感動的(かんどうてき)	40
감수성	感受性(かんじゅせい)	173
갑니다	行(い)きます	26
갑자기	突然(とつぜん)	135
강	川(かわ)	15
강제로	無理(むり)に	173
같다	同(おな)じだ	152
같이	いっしょに	40
개	犬(いぬ)	141
개똥을 밟다	犬(いぬ)のふんを踏(ふ)む	113
개인 과외 선생	家庭教師(かていきょうし)	173
객실 승무원	客室乗務員(きゃくしつじょうむいん)	140
거기	あそこ	43
거기	そこ	17
거리	通(とお)り	66
거울	かがみ	20
거위의 간	フォアグラ	101
거짓말하다	うそをつく	135
걱정스럽다	心配(しんぱい)だ	59
건강하다	健康(けんこう)だ	58
건너다	渡(わた)る	104
건네주다	渡(わた)す	85
건물	建物(たてもの)	90
건배하다	乾杯(かんぱい)する	85
건축가	建築家(けんちくか)	90
걷다	歩(ある)く	84
걸리다	ひく	134
걸립니다	かかります	26
검소하다	質素(しっそ)だ	85
~것만이라도~	~だけでも~	96
~것은 ~니다	~のは~です	52
~것이/을 ~니다	~のが~です	52
~게도 ~(な)ことに		141
게으름 피우다	さぼる	173
게임	ゲーム	47
겨울	冬(ふゆ)	54
겨울 방학	冬休(ふゆやす)み	111
결국	結局(けっきょく)	104
결혼 기념일	結婚記念日(けっこんきねんび)	85
결혼하다	結婚(けっこん)する	119
경제	経済(けいざい)	100
경축일	祝日(しゅくじつ)	125
경치	景色(けしき)	133
경험	経験(けいけん)	130
계기	きっかけ	140
계속해 나가는 능력	持続力(じぞくりょく)	173
계획	計画(けいかく)	118
계획을 세우다	計画(けいかく)を立(た)てる	125
~(이)고 ~(이)기 때문에	~し~ので	130
~고 생각한다	~と思(おも)う	94

고기 肉(にく)	158
고독감 孤独感(こどくかん)	152
고등학교 高校(こうこう)	173
고맙다 ありがとう	68
고백하다 告白(こくはく)する	85
고속도로 高速道路(こうそくどうろ)	157
고속선 高速船(こうそくせん)	73
고장내다 壊(こわ)す	153
고희(70세) 古希(こき)	85
곰 くま	14
곳 所(ところ)	17
공감 共感(きょうかん)	152
공무원 公務員(こうむいん)	125
공부 勉強(べんきょう)	26
공부가 부족하다 勉強不足(べんきょうぶそく)だ	125
공부하다 勉強(べんきょう)する	53
공원 公園(こうえん)	14
공포영화 ホラー映画(えいが)	55
과일 果物(くだもの)	54
과자를 만들다 お菓子(かし)を作(つく)る	59
관광 명소 観光名所(かんこうめいしょ)	73
관광객 観光客(かんこうきゃく)	156
관광하다 観光(かんこう)する	73
관심이 있다 関心(かんしん)がある	149
괜찮다 大丈夫(だいじょうぶ)だ	140
굉장하다 すばらしい	47
굉장히 すごく	76
교과서 教科書(きょうかしょ)	23

교육 教育(きょういく)	149
교회 教会(きょうかい)	35
구경하다 見物(けんぶつ)する	73
구두 靴(くつ)	59
국내 여행 国内旅行(こくないりょこう)	73
~군 ~くん	112
권하다 誘(さそ)う	154
귀엽다 かわいい	14
규칙을 지키다 ルールを守(まも)る	135
그 彼(かれ)	42
그 남자 彼(かれ)	42
그 다음에 その次(つぎ)に	69
그 때문에 そのため	156
그 중에서도 その中(なか)でも	156
그~ その~	42
그녀 彼女(かのじょ)	94
그다지 ~지 않습니다 あまり~ありません	14
그래서 それで	26
그랜드캐니언(미국) グランドキャニオン(アメリカ)	101
그런 あのような	131
그런 そのような	131
그로 인하여 そのため	156
그리고 そして	26
그리고 나서 それから	26
그리다 描(か)く	67
그림 絵(え)	67
그림 絵画(かいが)	173

색인

한국어	일본어	페이지
그림을 그리다	絵(え)を描(か)く	59
그만두다	止(や)める	134
근처	近(ちか)く	15
금요일	金曜日(きんようび)	26
금융	金融(きんゆう)	149
금혼식(결혼 50주년 기념 잔치)	金婚式(きんこんしき)	85
급여	給料(きゅうりょう)	149
급증하다	急増(きゅうぞう)する	156
~기 때문에	~なので	106
기념 사진	記念写真(きねんしゃしん)	85
기념일	記念日(きねんび)	76
기념품	お土産(みやげ)	64
기다리다	待(ま)つ	65
기르다	飼(か)う	141
~기만 해도~	~だけでも~	96
기분	気分(きぶん)	50
기뻐지다	嬉(うれ)しくなる	135
기뻐하다	喜(よろこ)ぶ	85
기쁘다	嬉(うれ)しい	47
기숙사	寮(りょう)	17
기술	スキル	149
기억하다	覚(おぼ)える	90
기운이 있다	元気(げんき)だ	50
기타	ギター	46
긴장하다	緊張(きんちょう)する	140
길	通(とお)り	66
길을 묻다	道(みち)を聞(き)く	73
길을 잃다	道(みち)に迷(まよ)う	73
김치	キムチ	19
~까지	~まで	26
깜짝 놀라다	びっくりする	72
깨끗하다	きれいだ	17
꺼내다	取(と)る	69
꼭	ぜひ	50
꽃	花(はな)	53
꽃다발	花束(はなたば)	82
꾀병	仮病(けびょう)	173
꿈	夢(ゆめ)	140

ㄴ

한국어	일본어	페이지
나가다 (운동 경기 등에)	出場(しゅつじょう)する	97
나갑니다	出(で)ます	26
나라	国(くに)	90
나쁘다	悪(わる)い	16
나홀로 여행	一人旅(ひとりたび)	73
나흘	4日(間)(よっか(かん))	30
낚시를 하다	釣(つ)りをする	59
난처하다	困(こま)る	135
날	日(ひ)	104
낡다	古(ふる)い	16
남대문 시장	ナムデムン市場(いちば)	68
남동생	弟(おとうと)	55
남자 친구	彼(かれ)	80
낫다	治(なお)る	134
낮다	低(ひく)い	16

네 개 四(よっ)つ	121
내년 来年(らいねん)	120
내다 出(だ)す	137
내리다① 降(お)りる	104
내리다② 降(ふ)る	115
내일 明日(あした)	92
내정을 받다 内定(ないてい)をもらう	125
넓다 広(ひろ)い	14
넘다 超(こ)える	152
넘어지다 転(ころ)ぶ	104
넣다 入(い)れる	69
넥타이 ネクタイ	78
넷째 날 四日目(よっかめ)	68
~년대 ~年代(ねんだい)	152
노래 歌(うた)	21
노래방 カラオケ	40
노력하다 努力(どりょく)する	118
노르웨이의 숲 ノルウェイの森(もり)	152
노인요양시설 老人(ろうじん)ホーム	40
노트 ノート	23
노트북 컴퓨터 ノートパソコン	14
놀다 遊(あそ)ぶ	65
놀라다 驚(おどろ)く	66
놀랍게도 なんと	76
놀이기구 乗(の)り物(もの)	64
높다 高(たか)い	16
놓치다 乗(の)り遅(おく)れる	113
놓치다(기회를) 逃(のが)す	113

누르다 押(お)さえる	128
누르다 押(お)す	69
눈 雪(ゆき)	47
눈 축제 雪祭(ゆきまつ)り	41
눈물이 나다 涙(なみだ)が出(で)る	113
뉴스 ニュース	35
뉴질랜드 ニュージーランド	73
~(ㄴ)는데 ~のに	167
~(ㄴ)데도 ~のに	167
~(ㄴ)데도 불구하고 ~のに	167
능력 能力(のうりょく)	149
늦다 遅(おく)れる	116
늦다(시기, 시각, 속도가) 遅(おそ)い	59
늦어서 못 타다 乗(の)り遅(おく)れる	113
늦잠을 자다① 寝坊(ねぼう)する	112
늦잠을 자다② 朝寝坊(あさねぼう)する	135

ㄷ

~다, 라고 한다 ~そうだ	155
다나카 씨 田中(たなか)さん	177
다르다 違(ちが)う	90
다른 他(ほか)の~	90
다섯 개 五(いつ)つ	121
다섯째 날 五日目(いつかめ)	68
다음 주 来週(らいしゅう)	111
다음 날 次(つぎ)の日(ひ)	64
다음 달 来月(らいげつ)	157
다음에 次(つぎ)に	69

색인

한국어	일본어	쪽
다이어트	ダイエット	72
다코야키	たこ焼(や)き	64
닦습니다	磨(みが)きます	31
단짝 친구	親友(しんゆう)	85
단체 여행	団体旅行(だんたいりょこう)	73
달리다	走(はし)る	70
담배	たばこ	122
닷새	5日(間)(いつか(かん))	30
당일치기 여행	日帰(ひがえ)り旅行(りょこう)	73
대체로	だいたい	26
대체로	たいてい	26
대학	大学(だいがく)	22
대학 교수	大学教授(だいがくきょうじゅ)	149
대학교	大学(だいがく)	22
대학생	大学生(だいがくせい)	100
대형 슈퍼	大型(おおがた)スーパー	35
대회에 나가다	大会(たいかい)に出(で)る	125
댄스	ダンス	47
더	もっと	50
더럽다	きたない	16
덥다	暑(あつ)い	42
데리고 가다	連(つ)れて行(い)く	79
데뷔하다	デビューする	161
데스크톱	デスクトップ	23
데이트	デート	35
도로	道(みち)	104
도서관	図書館(としょかん)	28
도움	介助(かいじょ)	40
도착하다①	到着(とうちゃく)する	64
도착하다②	届(とど)く	76
도톤보리(오사카 지명)	道頓堀(どうとんぼり)	64
독서를 하다	読書(どくしょ)をする	59
돈	お金(かね)	59
돈가스	トンカツ	46
돈이 많은 사람	お金持(かねも)ち	167
돌고래	イルカ	91
돌아갑니다	帰(かえ)ります	33
돌아보다	回(まわ)る	90
돌아옵니다	帰(かえ)ります	33
돌아왔습니다	帰(かえ)りました	40
동사 た형		65
동사 て형		65
동사 ない형		51
동사 ます형		27
동사 가능형		142
동사 과거형		41
동사 기본형		51
동사 사역 수동형		166
동사 사역형		165
동사 수동형		153
동사 의지형		119
동아리(대학)	サークル	125
동작의 순서		69
동전	コイン	69
두 개	二(ふた)つ	121
두 명	二人(ふたり)	64

한국어	일본어	페이지
두근두근하다	どきどきする	113
두드리다	たたく	153
둘째 날	二日目(ふつかめ)	68
뒤	後(うし)ろ	15
드라마	ドラマ	55
드라이브를 하다	ドライブをする	59
드물다	珍(めずら)しい	47
듣다	聞(き)く	50
~(분)들	~方々(かたがた)	40
들어가다	入(はい)る	129
등	など	19
등록하다	登録(とうろく)する	156
등산	登山(とざん)	101
등산	山登(やまのぼ)り	35
등장인물	登場人物(とうじょうじんぶつ)	152
디자이너	デザイナー	149
디지털 카메라	デジカメ(デジタルカメラ의 준말)	59
따다	取(と)る	118
따뜻하다	暖(あたた)かい	59
~때①	~時(とき)	50
~때②	~の時(とき), ~時(とき)	95
땡땡이 치다	さぼる	173
떠오르다	思(おも)い浮(う)かぶ	153
떨어지다	落(お)ちる	53
또	また	50
또한	また	96
뜨개질을 하다	編(あ)み物(もの)をする	59

ㄹ

한국어	일본어	페이지
'~'라고 말합니다	「~」と言(い)います	81
~라고 하는~	~という	68
~라고 하면	~といえば	153
라면	ラーメン	56
랩	ラップ	59
랭킹	ランキング	161
~러 갑니다	~に行(い)きます	41
럭키다	ラッキーだ	113
레스토랑	レストラン	35
레저 스포츠	レジャースポーツ	101
로맨틱하다	ロマンチックだ	85
록	ロック	50
록 밴드	ロックバンド	161
록 클라이밍	ロッククライミング	101
롯데월드	ロッテワールド	46
리듬감	リズム感(かん)	173
리무진	リムジン	101
리포트	レポート	71

ㅁ

한국어	일본어	페이지
마셨습니다	飲(の)みました	40
마우스	マウス	23
마음	心(こころ)	104
마음에 드는 것	お気(き)に入(い)り	161
마음이 따뜻해지다	心(こころ)が温(あたた)まる	135

색인

한국어	일본어	쪽
마지막에(으로)	最後(さいご)に	118
마찬가지이다	同(おな)じだ	152
마추픽추(페루)	マチュピチュ(ペルー)	101
막걸리	マッコリ	155
~만 부	~万部(まんぶ)	152
만나다	会(あ)う	65
만났습니다	会(あ)いました	40
만들다①	作(つく)る	51
만들다②	造(つく)る	90
(만약) ~면~	~たら~	92
만약	もし	92
만화	まんが	35
많다	多(おお)い	128
많은 사람	大勢(おおぜい)の人(ひと)	152
많이①	多(おお)く	64
많이②	たくさん	31
말	言葉(ことば)	140
말다툼하다	口(くち)げんかする	135
말하다①	言(い)う	76
말하다②	話(はな)す	52
맞다	当(あ)たる	113
맞추다	合(あ)わせる	164
매너가 좋다	マナーがいい	135
매니저	マネージャー	149
매력	魅力(みりょく)	152
매스컴	マスコミ	149
매우	とても	40
매우 좋아하다	大好(だいす)きだ	59

한국어	일본어	쪽
맨션(한국의 고층 아파트에 해당함)	マンション	14
맵다	辛(から)い	109
먹다	食(た)べる	138
먹지 않습니다	食(た)べません	26
먼저	まず	64
멀다	遠(とお)い	130
멋지다	すてきだ	47
메시지	メッセージ	76
메일	メール	70
~면~	~と~	53
면세점	免税店(めんぜいてん)	73
면접을 보다	面接(めんせつ)を受(う)ける	125
명대사	名(めい)ぜりふ	161
명사문 과거형		42
명인	名人(めいじん)	161
명작	名作(めいさく)	161
명품	ブランド	85
몇 번이나	何度(なんど)も	67
모니터	モニター	23
모델	モデル	149
모레	あさって	111
모자	帽子(ぼうし)	59
모처럼	せっかく	164
목소리	声(こえ)	50
목표	目標(もくひょう)	125
몸	体(からだ)	104
몸에 익히다	身(み)につける	173
몽땅 빌려 주다	貸(か)しきる	85

200

무겁다 重(おも)い	14
무궁화 ムクゲ	160
무대 舞台(ぶたい)	152
무섭다 怖(こわ)い	47
무엇 何(なに)	115
무엇보다도 何(なに)よりも	140
묵다 泊(と)まる	64
문 ドア	14
문제집 問題集(もんだいしゅう)	23
문화 차이 文化(ぶんか)の差(さ)	135
물고기 魚(さかな)	64
뮤지컬 ミュージカル	47
미국 アメリカ	50
미끄러지다 すべる	113
미성년 未成年(みせいねん)	135
미소 笑顔(えがお)	140
미역국 わかめスープ	76
미용 성형 美容整形(びようせいけい)	101
민박 民宿(みんしゅく)	73
밀리언 셀러 ミリオンセラー	161
밑 下(した)	15

ㅂ

바람 피우다 浮気(うわき)する	135
바래다 주다 送(おく)ってくれる	88
바쁘다 忙(いそが)しい	16
바이크를 타다 バイクに乗(の)る	59
밖 外(そと)	15

반 半(はん)	26
반복하다 繰(く)り返(かえ)す	173
반지 指輪(ゆびわ)	80
받다 取(と)る	108
받습니다 もらいます	77
발 足(あし)	154
발라드 バラード	59
발레 バレエ	173
발음 発音(はつおん)	159
발표 発表(はっぴょう)	137
발표하다 発表(はっぴょう)する	104
발행부수 発行部数(はっこうぶすう)	152
밝다 明(あか)るい	16
밟다 踏(ふ)む	154
밤 夜(よる)	26
밤 늦게까지 깨어 있다 夜更(よふ)かしする	135
밤을 새우다 徹夜(てつや)する	125
밥 ごはん	19
방 部屋(へや)	14
배 船(ふね)	64
배우 俳優(はいゆう)	149
배우다 習(なら)う	97
배웅하다 送(おく)る	78
백화점 デパート	35
밸런타인데이 バレンタインデー	85
뱃멀미 船酔(ふなよ)い	64
버라이어티 프로그램 バラエティー番組(ばんぐみ)	35

부록 색인 **201**

색인

한국어	일본어	페이지
버스	バス	26
버스 정류장	バス停(てい)	23
버튼	ボタン	69
번역	翻訳(ほんやく)	152
번지 점프	バンジージャンプ	101
번화하다	にぎやかだ	17
범죄	犯罪(はんざい)	135
베르사유 궁전(프랑스)	ベルサイユ宮殿(きゅうでん)(フランス)	101
베스트 3	ベスト3	161
베스트 셀러	ベストセラー	161
벼락치기로 공부하다	一夜漬(いちやづ)けで勉強(べんきょう)する	135
변호사	弁護士(べんごし)	149
별자리	星座(せいざ)	113
병	病気(びょうき)	54
병원	病院(びょういん)	23
보너스	ボーナス	149
보다	見(み)る	51
보람이 있다	やりがいがある	149
보컬	ボーカル	161
보통형		93
복잡하다	複雑(ふくざつ)だ	47
복지시설	福祉施設(ふくししせつ)	35
볼펜	ボールペン	23
봄	春(はる)	53
봅니다	見(み)ます	27
봉제 인형	ぬいぐるみ	14
부르다	歌(うた)う	88
부부	夫婦(ふうふ)	85
부수다	壊(こわ)す	153
부자	お金持(かねも)ち	167
부장	部長(ぶちょう)	171
~부터	~から	26
부하	部下(ぶか)	165
분	分(ふん)	26
분명히	はっきり	140
분야	分野(ぶんや)	149
불	火(ひ)	76
불고기	プルコギ	19
불고기집	焼(や)き肉屋(にくや)	35
불다	吹(ふ)く	155
불렀습니다	歌(うた)いました	40
불어서 끄다	吹(ふ)き消(け)す	76
불운이다	アンラッキーだ	113
불편하다	不便(ふべん)だ	17
불합격되다	不合格(ふごうかく)になる	125
비	雨(あめ)	47
비 오는 날	雨(あめ)の日(ひ)	176
비빔밥	ビビンバ	19
비상식적이다	非常識(ひじょうしき)だ	135
비싸다	高(たか)い	16
비자	ビザ	73
빈둥빈둥거립니다	ごろごろします	47
빌립니다	借(か)ります	41
빗나가다	外(はず)れる	113

빡빡한 스케줄 ハードスケジュール		125
빵점 0点(れいてん)		108
빼먹다(수업을) さぼる		173
빽빽하다 きつい		125
~뿐만 아니라 ~도 ~(な)だけでなく~も		155

ㅅ

사건 事件(じけん)		135
사고 事故(じこ)		135
사과하다 謝(あやま)る		81
사귀다 つきあう		107
사그라다 파밀리아 サグラダ・ファミリア		90
사다 買(か)う		137
사람 人(ひと)		42
사원 社員(しゃいん)		171
사이 間(あいだ)		15
사장 社長(しゃちょう)		171
사전 辞書(じしょ)		23
사주 四柱推命(しちゅうすいめい)		113
사진 写真(しゃしん)		50
사회 복지 社会福祉(しゃかいふくし)		149
사회인 社会人(しゃかいじん)		135
사회적 문제 社会的問題(しゃかいてきもんだい)		135
사흘 3日(間)(みっかかん)		30
산 山(やま)		160
산책 散歩(さんぽ)		35
산타클로스 サンタクロース		153
~살 ~才(さい)		164

살이 빠지다 やせる		72
살찌다 太(ふと)る		108
삽니다 買(か)います		34
상사 商社(しょうしゃ)		149
상식적이다 常識的(じょうしきてき)だ		135
상실감 喪失感(そうしつかん)		152
상어 지느러미 フカヒレ		101
상의하다 相談(そうだん)する		122
상자 箱(はこ)		76
상품 商品(しょうひん)		161
새롭다 新(あたら)しい		16
생각보다 思(おも)ったより		50
생각하다 考(かんが)える		90
생일 誕生日(たんじょうび)		76
샤워 シャワー		26
샤프펜슬 シャーペン		23
서로 엇갈리다 行(い)き違(ちが)いになる		113
서양 음악 洋楽(ようがく)		59
서양송로 トリュフ		101
서울 ソウル		69
서투르다① 下手(へた)だ		17
서투르다② 苦手(にがて)だ		118
서프라이즈 サプライズ		85
서핑 サーフィン		101
선물① お土産(みやげ)		64
선물② プレゼント		76
선박 여행 クルーズ		101
선배 先輩(せんぱい)		171

색인

선생님 先生(せんせい) · · · 28	수업 授業(じゅぎょう) · · · 26
선수 選手(せんしゅ) · · · 146	수업 중 授業中(じゅぎょうちゅう) · · · 133
선술집 居酒屋(いざかや) · · · 35	수영 水泳(すいえい) · · · 173
성격 性格(せいかく) · · · 155	수영장 プール · · · 35
성실하다 真面目(まじめ)だ · · · 17	수제 手作(てづく)り · · · 85
성악가 声楽家(せいがくか) · · · 149	수조 水槽(すいそう) · · · 64
성적 成績(せいせき) · · · 45	수족관 水族館(すいぞくかん) · · · 64
세 가지 三(みっ)つ · · · 118	수첩 手帳(てちょう) · · · 23
세 개 三(みっ)つ · · · 121	수학 数学(すうがく) · · · 55
세 명 三人(さんにん) · · · 128	수학 여행 修学旅行(しゅうがくりょこう) · · · 73
세계 世界(せかい) · · · 152	숙달되어 있다 得意(とくい)だ · · · 17
세계유산 世界遺産(せかいいさん) · · · 156	숙제 宿題(しゅくだい) · · · 34
세대 차이 世代(せだい)の差(さ) · · · 135	술 お酒(さけ) · · · 40
세종대왕 セジョン大王(だいおう) · · · 154	쉽다 簡単(かんたん)だ · · · 52
세탁하다 洗濯(せんたく)する · · · 70	슈퍼마켓 スーパー · · · 14
셋째 날 三日目(みっかめ) · · · 64	스마트폰 スマートフォン · · · 59
셔터 シャッター · · · 50	스스로 自(みずか)ら · · · 173
소개하다 紹介(しょうかい)する · · · 90	스위트룸 スイートルーム · · · 101
소리 音(おと) · · · 50	스카이다이빙 スカイダイビング · · · 101
소문 評判(ひょうばん) · · · 161	스캔들 スキャンダル · · · 135
소설 小説(しょうせつ) · · · 20	스쿠버 다이빙 スキューバダイビング · · · 91
소중하다 大切(たいせつ)だ · · · 144	스킬 スキル · · · 149
소중히 다루다 大切(たいせつ)にする · · · 85	스타워즈 スターウォーズ · · · 68
속 中(なか) · · · 14	스트레스 ストレス · · · 118
속상하다 悔(くや)しい · · · 148	스트레치 ストレッチ · · · 35
송이버섯 松茸(まつたけ) · · · 101	스페인 スペイン · · · 90
쇼 ショー · · · 96	스포츠 중계 スポーツ中継(ちゅうけい) · · · 35
쇼핑 買(か)い物(もの) · · · 35	슬프다 悲(かな)しい · · · 47

204

승진하다 昇進(しょうしん)する	149
~시 ~時(じ)	26
시간 時間(じかん)	26
시계 時計(とけい)	104
시끄럽다 うるさい	16
시끌벅적하다 にぎやかだ	17
시내 川(かわ)	15
시민센터 市民(しみん)センター	35
시원하다 涼(すず)しい	59
시작하다 始(はじ)める	50
~시절① ~時(とき)	90
~시절② ~の時(とき)	95
시합 試合(しあい)	92
시험을 보다 受験(じゅけん)する	125
식권 食券(しょっけん)	104
식당 食堂(しょくどう)	46
식사 食事(しょくじ)	40
식사하다 食事(しょくじ)する	143
식은땀을 흘리다 冷(ひ)や汗(あせ)をかく	113
신기하다 不思議(ふしぎ)だ	47
신기하게 생각하다 不思議(ふしぎ)に思(おも)う	135
신문 新聞(しんぶん)	35
신발 靴(くつ)	59
신정 휴가 (일본) 正月休(しょうがつやす)み	125
신호를 무시하다 信号(しんごう)を無視(むし)する	135
신혼 여행 新婚旅行(しんこんりょこう)	73
실연 당하다 失恋(しつれん)する	113
실제로 実際(じっさい)に	90
싫다 嫌(いや)だ	47
싫어하다 嫌(きら)いだ	17
싫증나다 飽(あ)きる	173
심심하다 退屈(たいくつ)だ	47
심플하다 シンプルだ	85
싸다 安(やす)い	16
쌓이다 たまる	118
쑥스럽다 照(て)れくさい	47
쓰다 書(か)く	65
쓰레기통 ごみ箱(ばこ)	20
쓸데없다 無駄(むだ)だ	47
쓸쓸하다 さびしい	47
~씨 ~さん	88
~씩 ~ずつ	128

ㅇ

~아(어)서 ~て~	66
~(아,어) 보인다 ~そうだ	130
~(아/어) 있다 ~ている	66
아들 息子(むすこ)	141
아래 下(した)	15
아르바이트 アルバイト	26
아르바이트하다 アルバイトする	137
아르앤드비 アールアンドビー(R&B)	59
아름답다 美(うつく)しい	47
아무도 誰(だれ)も	107
아버지 父(ちち)	31

부록 색인 **205**

색인

한국어	일본어	쪽
아쉽다	残念(ざんねん)だ	76
아이돌 그룹	アイドルグループ	161
아이티, 정보통신기술	ＩＴ	149
아주 ~니다	とても~です	19
아직	まだ	50
아침	朝(あさ)	137
아침(아침 밥)	朝(あさ)ごはん	26
아침에 한번 깼다가 다시 자다	二度寝(にどね)する	135
아프다	痛(いた)い	47
아홉 개	九(ここの)つ	121
안	中(なか)	14
안달하다	あせる	113
안전하다	安全(あんぜん)だ	135
안정되지 않다	落(お)ち着(つ)かない	113
안토니 가우디	アントニ・ガウディー	90
앉다	座(すわ)る	76
알다	知(し)る	68
암벽 등반	ロッククライミング	101
앞	前(まえ)	14
애니메이션	アニメ	35
애인	恋人(こいびと)	46
액세서리	アクセサリー	85
액션	アクション	156
앨범	アルバム	85
야구	野球(やきゅう)	146
약	薬(くすり)	95
약속	約束(やくそく)	107
약속시간	約束(やくそく)の時間(じかん)	116
약속을 합니다	約束(やくそく)をします	47
양다리를 걸치다	二股(ふたまた)をかける	135
양로원	老人(ろうじん)ホーム	40
어둡다	暗(くら)い	16
어렵다	難(むずか)しい	26
어르신	お年寄(としよ)り	40
어린이	子供(こども)	90
어머니	母(はは)	51
어이없다	あきれる	135
어제	昨日(きのう)	41
어학 연수	語学留学(ごがくりゅうがく)	101
억울하다	悔(くや)しい	148
억지로	無理(むり)に	173
언럭키다	アンラッキーだ	113
언제나	いつも	26
얼굴이 붉어지다	顔(かお)が赤(あか)くなる	113
없어지다	なくなる	140
~에①	~に	28
~에②	~へ	28
~에 ~이/가 있습니다	~に~があります	15
~에 근무하다	~に勤(つと)める	149
~에 의해	~によって	154
~에 종사하다	~に従事(じゅうじ)する	149
~에서	~で	28
~에서 일하다	~で働(はたら)く	149
에어컨	エアコン	23
여관	旅館(りょかん)	73

여권 パスポート	73	열 개 十(とお)	121
여기 ここ	19	열 받다 頭(あたま)に来(く)る	113
여덟 개 八(やっ)つ	121	열기구 熱気球(ねつききゅう)	101
여동생 妹(いもうと)	171	열다 開(あ)ける	76
여러 가지 いろいろ	152	열쇠를 떨어뜨리다 鍵(かぎ)を落(お)とす	113
여러 곡 何曲(なんきょく)も	40	열쇠를 잃어버리다 鍵(かぎ)を落(お)とす	113
여러 번 何度(なんど)も	67	열심히 一生懸命(いっしょうけんめい)	107
여름 방학 夏休(なつやす)み	64	열중하게 되다 夢中(むちゅう)になる	164
여배우 女優(じょゆう)	161	엿새 6日(間)(むいかかん)	30
여섯 개 六(むっ)つ	121	영국 イギリス	50
여섯째 날 六日目(むいかめ)	68	영어 英語(えいご)	118
여성 女性(じょせい)	128	영어 회화 학원 英会話学校(えいかいわがっこう)	35
여유가 있다 余裕(よゆう)がある	125	영화 映画(えいが)	35
여자 친구 彼女(かのじょ)	94	영화 감독 映画監督(えいがかんとく)	149
여행 旅行(りょこう)	64	옆① そば, 隣(となり)	14
여행의 일정에 관한 표현	68	옆② 近(ちか)く, 横(よこ)	15
여행하다 旅行(りょこう)する	59	예쁘다 きれいだ	17
역 駅(えき)	34	예술성 芸術性(げいじゅつせい)	161
연구원 研究員(けんきゅういん)	149	예약하다 予約(よやく)する	73
연기 演技(えんぎ)	161	예의 바르다 礼儀正(れいぎただ)しい	135
연습하다 練習(れんしゅう)する	50	예정 予定(よてい)	104
연애 恋愛(れんあい)	47	오늘 今日(きょう)	30
연예계 芸能界(げいのうかい)	149	오다 来(く)る	51
연인 恋人(こいびと)	46	오다(비가) 降(ふ)る	92
연출 演出(えんしゅつ)	161	오래되다 古(ふる)い	14
연필 鉛筆(えんぴつ)	23	오른손 右手(みぎて)	128
연휴 連休(れんきゅう)	125	오른쪽 右側(みぎがわ)	14
열 熱(ねつ)	177	오빠 兄(あに)	79

색인

오사카(일본 지명) 大阪(おおさか)	64
오사카 성 大阪城(おおさかじょう)	64
오사카 항 大阪港(おおさかこう)	64
오이 きゅうり	159
오전 午前(ごぜん)	26
오페라 オペラ	47
오페라 하우스(호주) オペラハウス(オーストラリア)	101
오후 午後(ごご)	26
온 힘을 다 해서 全力(ぜんりょく)をあげて	125
온천 温泉(おんせん)	73
온화하다 穏(おだ)やかだ	59
올라가다 上(あ)がる	111
올리다 上(あ)げる	118
올림픽 オリンピック	97
올해 今年(ことし)	132
옵니다 来(き)ます	27
옷 服(ふく)	43
옷을 만들다 服(ふく)を作(つく)る	59
옷이 더러워지다 服(ふく)が汚(よご)れる	113
옷장 たんす	20
~와(과)① ~と~, ~や~	19
~와/과② ~と	43
~와/과 같이 ~といっしょに	43
와인 ワイン	85
완전히 すっかり	164
외교관 外交官(がいこうかん)	149
외국 外国(がいこく)	90
외국어 外国語(がいこくご)	140
외우다 覚(おぼ)える	177
외출합니다 出(で)かけます	47
왼손 左手(ひだりて)	128
왼쪽 左側(ひだりがわ)	14
요가 ヨガ	35
요리 料理(りょうり)	14
요리하다① 作(つく)る	76
요리하다② 料理(りょうり)する	116
요전날 先日(せんじつ)	50
요트 ヨット	101
우선 まず	64
우유 牛乳(ぎゅうにゅう)	165
우주 宇宙(うちゅう)	97
우체국 郵便局(ゆうびんきょく)	23
우표를 모으다 切手(きって)を集(あつ)める	59
욱하다 かっとなる	113
운동 運動(うんどう)	35
운이 나쁘다① 運(うん)が悪(わる)い	113
운이 나쁘다② ついてない	113
운이 없다 運(うん)がない	113
운이 좋다① 運(うん)がいい	113
운이 좋다② ついている	113
운전 運転(うんてん)	47
운전 면허 運転免許(うんてんめんきょ)	125
운전하다 運転(うんてん)する	84
울다 泣(な)く	104
울었습니다 泣(な)きました	40

208

원룸 ワンルーム	23
원서 原書(げんしょ)	35
원작 原作(げんさく)	161
월요일 月曜日(げつようび)	26
웹디자이너 ウェブデザイナー	125
위 上(うえ)	14
위험하다① 危(あぶ)ない	128
위험하다② 危険(きけん)だ	128
유니버설 스튜디오 ユニバーサルスタジオ	64
유럽 ヨーロッパ	98
유명하다 有名(ゆうめい)だ	17
유연성 柔軟性(じゅうなんせい)	173
유치원 幼稚園(ようちえん)	173
유쾌하다 愉快(ゆかい)だ	47
유통 流通(りゅうつう)	149
유학하다 留学(りゅうがく)する	116
유행 流行(りゅうこう)	161
~(으)로① ~で	28
~(으)로② ~に, ~へ	28
~은/는 ~에 있습니다 ~は~にあります	15
~(은/는)지 (아닌지) ~か(どうか)	121
은행원 銀行員(ぎんこういん)	149
은혼식(결혼 25주년 기념 잔치) 銀婚式(ぎんこんしき)	85
~을/를 ~を	28
~을/를 갖고 싶습니다 ~がほしいです	54
~을/를 계기로 ~をきっかけに	144
~을/를 위해서 ~のために	120

~을/를 지향하다 ~を目指(めざ)す	125
음식 食(た)べ物(もの)	64
음악 音楽(おんがく)	50
음악적 감각 音楽的感覚(おんがくてきかんかく)	173
의논하다 相談(そうだん)する	122
의사 医者(いしゃ)	119
의자 椅子(いす)	23
이 この	87
이 歯(は)	31
~이/가 되다 ~になる	141
~(이)기 때문에① ~から	26
~(이)기 때문에② ~くて, ~で	67
~(이)랑 ~と~, ~や~	19
이런 このような	128
이력서 履歴書(りれきしょ)	125
이루다 かなえる	140
이르다(시기, 시각이) 早(はや)い	59
~(이)므로 ~(な)ので	106
이벤트 イベント	125
이사 引(ひ)っ越(こ)し	101
이사하다 引(ひ)っ越(こ)す	116
이상 以上(いじょう)	118
이상하게 생각하다 不思議(ふしぎ)に思(おも)う	135
이야기① 話(はなし)	115
이야기② 物語(ものがたり)	161
이야기하다 話(はな)す	52
이탈리아 イタリア	73
이틀 2日(間)(ふつかかん)	30

부록 색인 **209**

색인

이틀째 二日目(ふつかめ) ……………… 68
~(인/한) 것 같다 ~のようだ ……………… 167
~(인/한) 듯하다 ~のようだ ……………… 167
~(인)데 ~なのに ……………… 167
~(인)데도 ~なのに ……………… 167
~(인)데도 불구하고 ~なのに ……………… 167
인기 人気(にんき) ……………… 28
인기가 있다 人気(にんき)がある ……………… 87
인내력 忍耐力(にんたいりょく) ……………… 173
인도네시아 インドネシア ……………… 73
인사 あいさつ ……………… 51
인상적이다 印象的(いんしょうてき)だ ……………… 161
인터넷 インターネット ……………… 26
인테리어 코디네이터 インテリアコーディネーター ……………… 125
일 仕事(しごと) ……………… 149
~(일/할) 것 같다 ~そうだ ……………… 130
일곱 개 七(なな)つ ……………… 121
일곱째 날 七日目(なのかめ) ……………… 68
일등석 ファーストクラス ……………… 101
일류 호텔 一流(いちりゅう)ホテル ……………… 101
일본어 日本語(にほんご) ……………… 14
일본어 학원 日本語学校(にほんごがっこう) ……………… 35
일본어능력시험 日本語能力試験(にほんごのうりょくしけん) ……………… 125
일본인 日本人(にほんじん) ……………… 91
일어나다 起(お)きる ……………… 51
일어납니다 起(お)きます ……………… 26

일요일 日曜日(にちようび) ……………… 40
일찍 早(はや)く ……………… 129
일하다① 働(はたら)く ……………… 56
일하다② 仕事(しごと)する ……………… 143
일합니다 働(はたら)きます ……………… 26
읽다 読(よ)む ……………… 51
읽습니다 読(よ)みます ……………… 26
입다 はく ……………… 128
입원하다 入院(にゅういん)する ……………… 156
있습니다 あります ……………… 14
잊다 忘(わす)れる ……………… 108

ㅈ

자 定規(じょうぎ) ……………… 23
자격 資格(しかく) ……………… 118
자다① 泊(と)まる ……………… 64
자다② 寝(ね)る ……………… 175
자신감이 생기다 自信(じしん)がつく ……………… 173
자신이 있다 得意(とくい)だ ……………… 17
자원봉사 ボランティア ……………… 35
자유롭다 自由(じゆう)だ ……………… 164
자전거 自転車(じてんしゃ) ……………… 52
자주 よく ……………… 50
작가 作家(さっか) ……………… 26
작곡 作曲(さっきょく) ……………… 161
작년 去年(きょねん) ……………… 64
작다 小(ちい)さい ……………… 14
작사 作詞(さくし) ……………… 161

작품 作品(さくひん)	47
잘생기다 かっこいい	16
잘 팔리는~ 売(う)れ筋(すじ)の~	161
잠이 깨다 目(め)が覚(さ)める	76
잡니다 寝(ね)ます	26
잡다 持(も)つ	128
잡지 雑誌(ざっし)	35
장래 将来(しょうらい)	119
장르 ジャンル	161
종류 ジャンル	161
재능이 없다 才能(さいのう)がない	173
재능이 있다 才能(さいのう)がある	173
재미있다 おもしろい	18
재수 없다 ついてない	113
재테크 財(ざい)テク	101
저 私(わたし)	14
저가 항공권 格安航空券(かくやすこうくうけん)	73
저금 貯金(ちょきん)	101
저기 あそこ	43
저녁 식사 晩(ばん)ごはん	35
저런 あのような	131
적성에 맞다 適正(てきせい)に合(あ)う	149
전기 스탠드 電気(でんき)スタンド	23
전람회 展覧会(てんらんかい)	47
전문 専門(せんもん)	149
전문서적 専門書(せんもんしょ)	23
전부 全部(ぜんぶ)	118
전철 電車(でんしゃ)	73

전통 공예 伝統工芸(でんとうこうげい)	161
전혀 全然(ぜんぜん)	90
전화 電話(でんわ)	23
젊은이 若者(わかもの)	152
점 占(うらな)い	113
점수 点数(てんすう)	118
점심(식사) 昼(ひる)ごはん	35
~정도 ~ぐらい	26
정말로 本当(ほんとう)に	64
정신력 精神力(せいしんりょく)	173
정월 正月(しょうがつ)	160
정중형	93
정치가 政治家(せいじか)	149
제목 タイトル	152
제이팝 Jポップ	59
제일 一番(いちばん)	50
제주도 チェジュド	68
제출하다 提出(ていしゅつ)する	168
조금 少(すこ)し	40
조깅 ジョギング	35
조연 脇役(わきやく)	161
조용하다 静(しず)かだ	17
조종사 パイロット	146
졸리다 眠(ねむ)い	47
졸업 卒業(そつぎょう)	124
졸업 여행 卒業旅行(そつぎょうりょこう)	73
좀처럼 なかなか	104
좁다 狭(せま)い	16

부록 색인 **211**

색인

종류 種類(しゅるい)	173
좋다① 好(す)きだ	14
좋다② いい	16
좋아하다 好(す)きだ	17
좋은 날씨 いい天気(てんき)	47
좌석 席(せき)	140
주말 週末(しゅうまつ)	26
주스 ジュース	82
주연 主役(しゅやく)	161
주위 周(まわ)り	90
주의하다 注意(ちゅうい)する	95
주인공 主人公(しゅじんこう)	161
주제곡 主題歌(しゅだいか)	161
주차하다 駐車(ちゅうしゃ)する	129
죽다 死(し)ぬ	65
준비하다 準備(じゅんび)する	104
줄거리 あらすじ	161
줄을 서다 並(なら)ぶ	64
줍니다① あげます	77
줍니다② くれます	77
중국 中国(ちゅうごく)	73
중국어 中国語(ちゅうごくご)	52
중요하다 大切(たいせつ)だ	144
중지 中止(ちゅうし)	92
중학교 中学(ちゅうがく)	140
중학교 中学校(ちゅうがっこう)	173
즐겁다 楽(たの)しい	26
즐기다 楽(たの)しむ	173

지각하다 遅刻(ちこく)する	104
지갑 財布(さいふ)	85
지금 今(いま)	50
지나다 経(た)つ	152
지난 주 先週(せんしゅう)	40
지력 知力(ちりょく)	173
~지만 ~が	26
지불하다 払(はら)う	104
지속력 持続力(じぞくりょく)	173
지우개 消(け)しゴム	23
지저분하다 きたない	16
지하철 地下鉄(ちかてつ)	23
진학 進学(しんがく)	173
집 家(いえ)	26
집 うち	14
집안일 家事(かじ)	156
집중력 集中力(しゅうちゅうりょく)	173
짧다 短(みじか)い	128
짬뽕 チャンポン	134
~쯤 ~ごろ	31
찍다 撮(と)る	50

ㅊ

차 車(くるま)	54
차이다 ふられる	113
착실하다 真面目(まじめ)だ	17
참가하다 参加(さんか)する	125
참가하다(운동 경기 등에) 出場(しゅつじょう)する	97

창조성 創造性(そうぞうせい)	173
창피를 당하다 恥(はじ)をかく	113
창피하다 恥(は)ずかしい	40
채소 野菜(やさい)	124
채용 시험 採用試験(さいようしけん)	125
책 本(ほん)	14
책꽂이 本立(ほんた)て	14
책상 机(つくえ)	14
책장 本棚(ほんだな)	14
처음 初(はじ)めて	140
천천히 ゆっくり	90
철갑상어의 알젓 キャビア	101
철도 鉄道(てつどう)	118
첫 날 初日(しょにち)	68
첫~ 初(はじ)めての~	64
첫째 날 一日目(いちにちめ)	64
청소 掃除(そうじ)	47
청소하다 掃除(そうじ)する	70
청혼하다 プロポーズする	85
체력 体力(たいりょく)	173
초 ろうそく	76
초등학교 小学校(しょうがっこう)	173
초조하다 いらいらする	104
최고조 クライマックス	161
최근 最近(さいきん)	50
최선을 다하다 最善(さいぜん)をつくす	125
최악이다 最悪(さいあく)だ	104
추석 연휴(일본) 盆休(ぼんやす)み	125

추억 思(おも)い出(で)	64
추천 おすすめ	161
축구 サッカー	17
축구 경기를 관람하다 サッカーを観戦(かんせん)する	59
축하하다 祝(いわ)う	76
축하해 おめでとう	76
출발하다 出発(しゅっぱつ)する	73
출연자 出演者(しゅつえんしゃ)	161
출입국심사 出入国審査(しゅつにゅうこくしんさ)	73
출판 出版(しゅっぱん)	152
춤추다 踊(おど)る	84
춥다 寒(さむ)い	59
취미 趣味(しゅみ)	50
취소하다 キャンセルする	73
취업 세미나 就職(しゅうしょく)セミナー	125
취업 활동 就職活動(しゅうしょくかつどう)	125
취직하다 就職(しゅうしょく)する	118
치다 弾(ひ)く	106
치마 スカート	128
친구 友(とも)だち	22
친밀함을 나타내는 호칭 ~ちゃん	112
친절하다 親切(しんせつ)だ	17
침대 ベッド	14
칭찬하다 ほめる	153

ヲ

| 카드 カード | 85 |
| 카메라 カメラ | 50 |

색인

카페 カフェ ······ 23	탑승권 搭乗券(とうじょうけん) ······ 73
캐나다 カナダ ······ 73	태국 タイ ······ 73
캐럴 クリスマスソング ······ 160	태권도 テコンドー ······ 173
캐비아 キャビア ······ 101	태블릿 PC タブレットPC ······ 23
캠프 キャンプ ······ 100	태우다 乗(の)せる ······ 128
커플 カップル ······ 85	택시 タクシー ······ 73
커플링 ペアリング ······ 85	테이블 テーブル ······ 14
커피 コーヒー ······ 80	테크노 テクノ ······ 59
커피를 타다 コーヒーをいれる ······ 59	텔레비전 テレビ (テレビジョン의 준말) ······ 15
컬처 쇼크 カルチャーショック ······ 135	통역 가이드 通訳(つうやく)ガイド ······ 125
컴퓨터 コンピューター ······ 118	투어 ツアー ······ 73
컵 コップ ······ 14	트랜드 トレンド ······ 161
코미디언 お笑(わら)い芸人(げいにん) ······ 149	트러블이 계속되다 トラブルが続(つづ)く ······ 113
콘서트 コンサート ······ 47	트럼펫 トランペット ······ 155
콜로세움(이탈리아) コロセウム(イタリア) ······ 101	트레킹 トレッキング ······ 101
쾌적하다 快適(かいてき)だ ······ 64	트로트 演歌(えんか) ······ 59
크다 大(おお)きい ······ 14	트뤼프 トリュフ ······ 101
크루즈 クルーズ ······ 101	특별하다 特別(とくべつ)だ ······ 47
크리스마스 クリスマス ······ 85	특별히 特(とく)に ······ 50
클라이맥스 クライマックス ······ 161	특실 スイートルーム ······ 101
	특히 特(とく)に ······ 50

ㅌ	

타는 방법 乗(の)り方(かた) ······ 128	
타다 乗(の)る ······ 52	

	ㅍ

타로 카드 タロット ······ 113	파티 パーティー ······ 46
타지마할(인도) タージマハル(インド) ······ 101	판매 서비스 販売(はんばい)サービス ······ 149
탑승 수속 카운터 チェックインカウンター ······ 73	패러글라이더 パラグライダー ······ 101
탑승구 搭乗口(とうじょうぐち) ······ 73	패스트푸드점 ファーストフード店(てん) ······ 35
	페리 フェリー ······ 73

214

편리하다 便利(べんり)だ	17
편의점 コンビニ	23
편지 手紙(てがみ)	85
평가 評価(ひょうか)	161
평판 評判(ひょうばん)	161
폐를 끼치다 迷惑(めいわく)をかける	135
포기하다 あきらめる	140
포장마차 屋台(やたい)	35
푸아그라 フォアグラ	101
푹 すっかり	164
푹 쉽니다 ゆっくり休(やす)みます	47
풀리다 なくなる	140
풍경 風景(ふうけい)	50
풍부하다 豊(ゆた)かだ	173
프랑스 フランス	73
프랑스어 フランス語(ご)	158
프로그래머 プログラマー	149
프로그램 番組(ばんぐみ)	90
프로듀서 プロデューサー	149
피곤하다 疲(つか)れる	110
피다 咲(さ)く	53
피아노 ピアノ	97
피아노교실(학원) ピアノ教室(きょうしつ)	164
피아노를 치다 ピアノを弾(ひ)く	59
피우다 吸(す)う	122
필요하다 必要(ひつよう)だ	59

ㅎ

~(하)거나 ~(하)거나 합니다 ~たり~たりします	67
~(하)게 되다 ~ようになる	143
~(하)게 됩니다 ~くなります, ~になります	54
~(하)고 나서~ ~てから~	66
~(하)고 말다 ~しまう	105
~(하)고 싶습니다 ~たいです	54
~(하)고 있다 ~ている	66
~(하)고~ ~て~	66
~(하)기도 하고 ~(하)기도 합니다 ~たり~たりします	67
~(하)기 위해서 ~ために	120
~(하)는 방법 ~方(かた)	131
하다 する	51
하드 스케줄 ハードスケジュール	125
~하려고 생각한다 ~と思(おも)う	119
하루 一日(いちにち)	26
~(하)면 안 된다 ~てはいけない	129
~(하)면서~ ~ながら~	80
하숙집 下宿(げしゅく)	23
~(하)지 말고 ~ないで	143
~(하)지 않고 ~ないで	143
~(하)지 않아도 된다 ~なくてもいい	129
~(하)지 않으면 안 된다 ~なければならない	120
하지만 でも	107
학교 学校(がっこう)	23
학생 学生(がくせい)	171
학원 塾(じゅく)	120
학점을 못 따다 単位(たんい)を落(お)とす	113

색인

한국어	일본어	페이지
한 개	一(ひと)つ	121
~(인, 한) 것 같다	~(の, な)ようだ	167
~(인, 한) 듯하다	~(の, な)ようだ	167
~(한) 적이 있다	~たことがある	91
~한 후에	~たら~	92
한가운데	真(ま)ん中(なか)	14
한가하다	暇(ひま)だ	17
한국어	韓国語(かんこくご)	79
한국어판	韓国語版(かんこくごばん)	152
한글	ハングル	154
한숨이 나오다	ため息(いき)が出(で)る	113
한자	漢字(かんじ)	177
할 마음(의지)이 없다	やる気(き)がない	173
할 마음(의지)이 있다	やる気(き)がある	173
~(할) 생각이다	~つもりだ	120
~(할) 수 있다	~ことができる	106
~할 수 있다	できる	142
~(할) 예정이다	~予定(よてい)だ	105
~(할) 작정이다	~つもりだ	120
할머니	祖母(そぼ)	54
합격하다	合格(ごうかく)する	81
합니다	します	26
~니다만 ~니다	~ですが~です	18
합숙	合宿(がっしゅく)	125
합창	合唱(がっしょう)	173
항공	航空(こうくう)	149
~해 받습니다	~てもらいます	78
~(해)버리다	~(て)しまう	105
~(해)보고 싶다	~てみたい	91
~(해) 주기를 바랍니다	~てほしいです	80
~해 줍니다①	~てあげます	78
~해 줍니다②	~てくれます	78
~(해)도 된다	~てもいい	129
해리 포터	ハリーポッター	160
~(해)서①	~から	26
~(해)서②	~くて, ~で	67
~(해)야한다	~(な)ければならない	120
해외	海外(かいがい)	64
해외여행	海外旅行(かいがいりょこう)	140
~(해)주었으면 좋겠습니다	~てほしいです	80
~(해)집니다	~くなります, ~になります	54
핸들	ハンドル	128
~(했)으면 좋겠습니다	~てほしいです	80
행글라이더	ハンググライダー	101
행동	行動(こうどう)	135
행복하다	幸(しあわ)せだ	47
행운이다	ラッキーだ	113
향상되다	向上(こうじょう)する	173
헛되다	むなしい	113
헤어지다	別(わか)れる	107
헤엄치다	泳(およ)ぐ	64
헬스클럽	スポーツジム	35
현대	現代(げんだい)	152
형	兄(あに)	79
형용사(い형용사)		16
형용사(い형용사) て형		18

형용사(い형용사) 과거형	42	
형용사(な형용사)	17	
형용사(な형용사) て형	18	
형용사(な형용사) 과거형	42	
호텔 ホテル	73	
호화롭다 豪華(ごうか)だ	85	
혼내다 叱(しか)る	153	
화가 치밀다 むかつく	113	
화나다 腹(はら)が立(た)つ	113	
화려하다 派手(はで)だ	85	
화요일 火曜日(かようび)	26	
화이트데이 ホワイトデー	85	
화장대 化粧台(けしょうだい)	23	
화장품 化粧品(けしょうひん)	14	
화제 話題(わだい)	135	
환경 環境(かんきょう)	128	
활동 活動(かつどう)	40	
회사 会社(かいしゃ)	35	
회화 会話(かいわ)	122	
횡단보도 横断歩道(おうだんほどう)	104	
효도 親孝行(おやこうこう)	50	
훌륭하다 立派(りっぱ)だ	64	
휴가 休暇(きゅうか)	125	
휴가 休(やす)み	118	
휴대 전화 携帯(けいたい)	76	
휴대 전화 携帯電話(けいたいでんわ)	23	
휴일 休(やす)みの日(ひ)	67	
흐림 曇(くも)り	47	
흥미롭다 興味(きょうみ)がある	149	
희귀하다 珍(めずら)しい	47	
희다 白(しろ)い	14	
히트 ヒット	161	
히트하다 ヒットする	134	
힘들다① きつい	125	
힘들다② 大変(たいへん)だ	26	
힙합 ヒップホップ	59	

색인

오십음도 순

あ

일본어	한국어	페이지
アールアンドビー（Ｒ＆Ｂ）	아르앤드비	59
あいさつ	인사	51
あいだ　間	사이	15
ＩＴ	아이티, 정보통신기술	149
アイドルグループ	아이돌 그룹	161
あいました　会いました	만났습니다	40
あう　会う	만나다	65
あがる　上がる	올라가다	111
あかるい　明るい	밝다	16
あきらめる	포기하다	140
あきる　飽きる	싫증나다	173
あきれる	어이없다	135
アクション	액션	156
アクセサリー	액세서리	85
あげます	줍니다	77
あける　開ける	열다	76
あげる　上げる	올리다	118
あさ　朝	아침	137
あさごはん　朝ごはん	아침, 아침 밥	26
あさって	모레	111
あさねぼうする　朝寝坊する	늦잠을 자다	135
あし　足	발	154
あした　明日	내일	92
あせる	안달하다	113
あそこ	거기	43
あそこ	저기	43
あそぶ　遊ぶ	놀다	65
あたたかい　暖かい	따뜻하다	59
あたまにくる　頭に来る	열 받다	113
あたらしい　新しい	새롭다	16
あたる　当たる	맞다	113
あつい　暑い	덥다	42
あに　兄	형, 오빠	79
アニメ	애니메이션	35
あのような	저런, 그런	131
あぶない　危ない	위험하다	128
あまり～ありません	그다지 ～지 않습니다	14
あみものをする　編み物をする	뜨개질을 하다	59
あめ　雨	비	47
あめのひ　雨の日	비 오는 날	176
アメリカ	미국	50
あやまる　謝る	사과하다	81
あらすじ	줄거리	161
ありがとう	고맙다	68
あります	있습니다	14
あるく　歩く	걷다	84
アルバイト	아르바이트	26
アルバイトする	아르바이트하다	137
アルバム	앨범	85
あわせる　合わせる	맞추다	164
あんぜんだ　安全だ	안전하다	135
アントニ・ガウディー	안토니 가우디	90
アンラッキーだ	언럭키다, 불운이다	113

い

일본어	한국어	페이지
い형용사		16
いい	좋다	16
いいてんき　いい天気	좋은 날씨	47
いう　言う	말하다	76

일본어	한국어	쪽
いえ 家	집	26
いきちがいになる 行き違いになる	서로 엇갈리다	113
いきます 行きます	갑니다	26
イギリス	영국	50
いく 行く	가다	51
いざかや 居酒屋	선술집	35
いしゃ 医者	의사	119
いじょう 以上	이상	118
いす 椅子	의자	23
いそがしい 忙しい	바쁘다	16
いたい 痛い	아프다	47
イタリア	이탈리아	73
いちじかん 1時間	1시간	30
いちにち 1日	하루	30
いちにち 一日	하루	26
いちにちめ 一日目	첫째 날	64
いちばん 一番	제일	50
いちやづけでべんきょうする 一夜漬けで勉強する 벼락치기로 공부하다		135
いちりゅうホテル 一流ホテル	일류 호텔	101
いつか(かん) 5日(間)	닷새	30
いつかめ 五日目	다섯째 날	68
いっしゅうかん 1週間	1주일	26
いっしょうけんめい 一生懸命	열심히	107
いっしょに	같이	40
いつつ 五つ	다섯 개	121
いつも	언제나	26
い, な형용사, 명사문 과거형		42
い, な형용사 て형		18
いぬ 犬	개	141
いぬのふんをふむ 犬のふんを踏む	개똥을 밟다	113
イベント	이벤트	125
いま 今	지금	50
いもうと 妹	여동생	171
いやだ 嫌だ	싫다	47
いらいらする	초조하다	104
イルカ	돌고래	91
いれる 入れる	넣다	69
いろいろ	여러 가지	152
いわう 祝う	축하하다	76
いんしょうてきだ 印象的だ	인상적이다	161
インターネット	인터넷	26
インテリアコーディネーター	인테리어 코디네이터	125
インドネシア	인도네시아	73

う

일본어	한국어	쪽
うえ 上	위	14
ウェブデザイナー	웹디자이너	125
うしろ 後ろ	뒤	15
うそをつく	거짓말하다	135
うた 歌	노래	21
うたいました 歌いました	불렀습니다	40
うたう 歌う	부르다	88
うち 家	집	14
うちゅう 宇宙	우주	97
うつくしい 美しい	아름답다	47
うらない 占い	점	113
うるさい	시끄럽다	16
うれしい 嬉しい	기쁘다	47
うれしくなる 嬉しくなる	기뻐지다	135
うれすじの~ 売れ筋の~	잘 팔리는~	161
うわきする 浮気する	바람 피우다	135
うんがいい 運がいい	운이 좋다	113
うんがない 運がない	운이 없다	113

색인

うんがわるい 運が悪い 운이 나쁘다 ············ 113	おかね お金 돈 ····························· 59
うんてん 運転 운전 ························· 47	おかねもち お金持ち 돈이 많은 사람, 부자 ········ 67
うんてんする 運転する 운전하다 ·············· 84	おきにいり お気に入り 마음에 드는 것 ········· 161
うんてんめんきょ 運転免許 운전 면허 ········· 125	おきます 起きます 일어납니다 ················ 26
うんどう 運動 운동 ························· 35	おきる 起きる 일어나다 ····················· 51
	おくってくれる 送ってくれる 바래다 주다 ······ 88
	おくる 送る 배웅하다 ······················· 78
	おくれる 遅れる 늦다 ······················· 59

え

え 絵 그림 ·································· 67	おさえる 押さえる 누르다 ·················· 128
エアコン 에어컨 ···························· 23	おさけ お酒 술 ···························· 35
えいが 映画 영화 ··························· 35	おしえる 教える 가르치다 ··················· 79
えいかいわがっこう 英会話学校 영어 회화 학원 ·· 35	おす 押す 누르다 ··························· 69
えいがかんとく 映画監督 영화 감독 ·········· 149	おすすめ 추천 ···························· 161
えいご 英語 영어 ·························· 118	おそい 遅い (시기, 시각, 속도가) 늦다 ··········· 59
えがお 笑顔 미소 ·························· 140	おだやかだ 穏やかだ 온화하다 ················ 59
えき 駅 역 ································· 34	おちつかない 落ち着かない 안정되지 않다 ····· 113
えをかく 絵を描く 그림을 그리다 ·············· 59	おちる 落ちる 떨어지다 ····················· 53
えんか 演歌 트로트 ························· 59	おと 音 소리 ······························· 50
えんぎ 演技 연기 ·························· 161	おとうと 弟 남동생 ························· 55
えんしゅつ 演出 연출 ······················ 161	おとしより お年寄り 어르신 ················· 40
えんぴつ 鉛筆 연필 ························· 23	おどる 踊る 춤추다 ························· 84
	おどろく 驚く 놀라다 ······················· 72

お

おうだんほどう 横断歩道 횡단보도 ··········· 104	おなじだ 同じだ 같다, 마찬가지이다 ·········· 152
おおい 多い 많다 ·························· 128	オペラ 오페라 ······························ 47
おおがたスーパー 大型スーパー 대형 슈퍼 ······ 35	オペラハウス(オーストラリア) 오페라 하우스(호주) ···101
おおきい 大きい 크다 ······················· 14	おぼえる 覚える 기억하다 ··················· 90
おおく 多く 많이 ··························· 64	おぼえる 覚える 외우다 ··················· 177
おおさか 大阪 오사카(일본 지명) ·············· 64	おみやげ お土産 기념품, 선물 ················· 64
おおさかこう 大阪港 오사카항 ················ 64	おめでとう 축하해 ·························· 76
おおさかじょう 大阪城 오사카성 ··············· 64	おもい 重い 무겁다 ························· 14
おかしをつくる お菓子を作る 과자를 만들다 ····· 59	おもいうかぶ 思い浮かぶ 떠오르다 ··········· 153
	おもいで 思い出 추억 ······················· 64

おもしろい 재미있다	18
おもったより 思ったより 생각보다	50
おやこうこう 親孝行 효도	50
およぐ 泳ぐ 헤엄치다	64
おりる 降りる 내리다	104
オリンピック 올림픽	97
おわらいげいにん お笑い芸人 코미디언	149
おんがく 音楽 음악	50
おんがくてきかんかく 音楽的感覚 음악적 감각	173
おんせん 温泉 온천	73

か

～が ～지만	26
カード 카드	85
かいが 絵画 그림	173
かいがい 海外 해외	64
かいがいりょこう 海外旅行 해외여행	140
がいこうかん 外交官 외교관	149
がいこく 外国 외국	90
がいこくご 外国語 외국어	140
かいしゃ 会社 회사	35
かいじょ 介助 도움	40
かいてきだ 快適だ 쾌적하다	64
ガイド 가이드	73
かいます 買います 삽니다	34
かいもの 買い物 쇼핑	35
かいゆうかん 海遊館 가이유캔(오사카 항 근처에 있는 수족관)	64
かいわ 会話 회화	122
かう 買う 사다	137
かう 飼う 기르다	141
かえりました 帰りました 돌아왔습니다	40
かえります 帰ります 돌아갑니다, 돌아옵니다	33
かおがあかくなる 顔が赤くなる 얼굴이 붉어지다	113
かがみ 거울	20
かかります 걸립니다	26
かぎをおとす 鍵を落とす 열쇠를 떨어뜨리다, 잃어버리다	113
かく 描く 그리다	67
かく 書く 쓰다	65
がくせい 学生 학생	171
かくやすこうくうけん 格安航空券 저가 항공권	73
かし 歌詞 가사	161
かじ 家事 집안일	156
かしきる 貸しきる 몽땅 빌려 주다	85
かしゅ 歌手 가수	40
かしょうりょく 歌唱力 가창력	161
かぜ 風邪 감기	106
かぞく 家族 가족	43
～かた ～方 ～(하)는 방법	131
～かたがた ～方々 ～(분)들	40
かちかん 価値観 가치관	135
がっこう 学校 학교	23
かっこいい 잘생기다	16
がっしゅく 合宿 합숙	125
がっしょう 合唱 합창	173
かつどう 活動 활동	40
かっとなる 욱하다	113
カップル 커플	85
かていきょうし 家庭教師 개인 과외 선생, 가정 교사	173
～か（どうか） ～(은/는)지 (아닌지)	121
かなえる 이루다	140

부록 색인 **221**

색인

かなしい 悲しい 슬프다	47
カナダ 캐나다	73
かのじょ 彼女 그녀, 여자 친구	94
かばん 가방	59
カフェ 카페	23
～がほしいです ～을/를 갖고 싶습니다	54
カメラ 카메라	50
かようび 火曜日 화요일	26
～から ～부터	26
～から ～에서	28
～から ～(해)서, ～(이)기 때문에	26
(종지형)から ～(해)서, ～(이)기 때문에	28
からい 辛い 맵다	109
カラオケ 노래방	40
からだ 体 몸	104
かります 借ります 빌립니다	41
かるい 軽い 가볍다	16
カルチャーショック 컬처 쇼크	135
かれ 彼 그, 그 남자	42
かれ 彼 남자 친구	80
かわ 川 강, 시내	15
かわいい 귀엽다	14
かんがえる 考える 생각하다	90
かんきょう 環境 환경	128
かんこうきゃく 観光客 관광객	156
かんこうする 観光する 관광하다	73
かんこうめいしょ 観光名所 관광 명소	73
かんこくご 韓国語 한국어	79
かんごし 看護師 간호사	146
かんじ 漢字 한자	177
かんじゅせい 感受性 감수성	173
かんしんがある 関心がある 관심이 있다	149
かんたんだ 簡単だ 간단하다, 쉽다	52
かんどうてき 感動的 감동적	40
かんとく 監督 감독	161
かんぱいする 乾杯する 건배하다	85

き

きく 聞く 듣다	50
きけんだ 危険だ 위험하다	128
ギター 기타	46
きたない 더럽다, 지저분하다	16
きつい 빡빡하다, 힘들다	125
きっかけ 계기	140
きってをあつめる 切手を集める 우표를 모으다	59
きねんしゃしん 記念写真 기념 사진	85
きねんび 記念日 기념일	76
きのう 昨日 어제	41
きぶん 気分 기분	50
きます 来ます 옵니다	27
キムチ 김치	19
きゃくしつじょうむいん 客室乗務員 객실 승무원	140
きゃくほん 脚本 각본	161
キャビア 캐비아, 철갑상어의 알젓	101
キャンセルする 취소하다	73
キャンプ 캠프	100
きゅうか 休暇 휴가	125
きゅうぞうする 急増する 급증하다	156
ぎゅうにゅう 牛乳 우유	165
きゅうり 오이	159
きゅうりょう 給料 급여	49
きょう 今日 오늘	30
きょういく 教育 교육	149

きょうかい 教会 교회	35
きょうかしょ 教科書 교과서	23
きょうかん 共感 공감	152
きょうみがある 興味がある 흥미롭다	149
きょねん 去年 작년	64
きらいだ 嫌いだ 싫어하다	17
きれいだ 깨끗하다, 예쁘다	17
ぎんこういん 銀行員 은행원	149
きんこんしき 金婚式 금혼식, 결혼 50주년 기념 잔치	85
ぎんこんしき 銀婚式 은혼식, 결혼 25주년 기념 잔치	85
きんちょうする 緊張する 긴장하다	140
きんゆう 金融 금융	149
きんようび 金曜日 금요일	26

く

くすり 薬 약	95
くだもの 果物 과일	54
くちげんかする 口げんかする 말다툼하다	135
くつ 靴 신발, 구두	59
〜くて 〜(해)서〜, 〜(이)기 때문에〜	67
〜くなります 〜(하)게 됩니다, 〜(해)집니다	54
くに 国 나라	90
くま 곰	14
くもり 曇り 흐림	7
くやしい 悔しい 속상하다, 억울하다	148
くらい 暗い 어둡다	16
〜ぐらい 〜정도	26
クライマックス 클라이맥스, 최고조	161
グランドキャニオン(アメリカ) 그랜드캐니언(미국)	101

くりかえす 繰り返す 반복하다	173
クリスマス 크리스마스	85
クリスマスソング 캐럴	160
くる 来る 오다	51
クルーズ 크루즈, 선박 여행	101
くるま 車 차	54
くれます 줍니다	77
〜くん 〜군	112

け

ゲーム 게임	47
けいかく 計画 계획	118
けいかくをたてる 計画を立てる 계획을 세우다	125
けいけん 経験 경험	130
けいざい 経済 경제	100
げいじゅつせい 芸術性 예술성	161
けいたい 携帯 휴대 전화	76
けいたいでんわ 携帯電話 휴대 전화	23
げいのうかい 芸能界 연예계	149
けしき 景色 경치	133
けしごむ 消しゴム 지우개	23
げしゅく 下宿 하숙집	23
けしょうだい 化粧台 화장대	23
けしょうひん 化粧品 화장품	14
けっきょく 結局 결국	104
けっこんきねんび 結婚記念日 결혼 기념일	85
けっこんする 結婚する 결혼하다	119
げつようび 月曜日 월요일	26
けびょう 仮病 꾀병	173
げんきだ 元気だ 기운이 있다	50
けんきゅういん 研究員 연구원	149

색인

けんこうだ 健康だ 건강하다	58
げんさく 原作 원작	161
げんしょ 原書 원서	35
げんだい 現代 현대	152
けんちくか 建築家 건축가	90
けんぶつする 見物する 구경하다	73

こ

コーヒー 커피	80
コーヒーをいれる 커피를 타다	59
こいびと 恋人 연인, 애인	46
コイン 동전	69
こうえん 公園 공원	14
ごうかくする 合格する 합격하다	81
ごうかだ 豪華だ 호화롭다	85
こうくう 航空 항공	149
こうこう 高校 고등학교	173
こうじょうする 向上する 향상되다	173
こうそくせん 高速船 고속선	73
こうそくどうろ 高速道路 고속도로	157
こうどう 行動 행동	135
こうむいん 公務員 공무원	125
こえ 声 목소리	50
こえる 超える 넘다	152
ごがくりゅうがく 語学留学 어학 연수	101
こき 古希 고희, 70세	85
こくないりょこう 国内旅行 국내 여행	73
こくはくする 告白する 고백하다	85
ごご 午後 오후	26
ここ 여기	19
ここのつ 九つ 아홉 개	121
こころ 心 마음	104
こころがあたたまる 心が温まる 마음이 따뜻해지다	135
ごじかん 5時間 5시간	30
ごじゅっぷん 50分 50분	30
ごぜん 午前 오전	26
コップ 컵	14
～ことができる ～(할) 수 있다	106
こどくかん 孤独感 고독감	152
ことし 今年 올해	32
ことば 言葉 말	140
こども 子供 어린이	90
この 이	87
このような 이런	128
ごはん 밥	19
こまる 困る 난처하다	135
ごみばこ ごみ箱 쓰레기통	20
～ごろ ～쯤	31
ごろごろします 빈둥빈둥거립니다	47
コロセウム(イタリア) 콜로세움(이탈리아)	101
ころぶ 転ぶ 넘어지다	104
こわい 怖い 무섭다	47
こわす 壊す 고장내다, 부수다	153
コンサート 콘서트	47
コンビニ 편의점	23

さ

サークル (대학)동아리	125
サーフィン 서핑	101
～さい ～才 ～살	164
さいあくだ 最悪だ 최악이다	104
さいきん 最近 최근	104
さいごに 最後に 마지막에(으로)	50

224

| さいぜんをつくす 最善をつくす 최선을 다하다 ………………………………… 125
| ざいテク 財テク 재테크 …………………… 101
| さいのうがある 才能がある 재능이 있다 …… 173
| さいのうがない 才能がない 재능이 없다 …… 173
| さいふ 財布 지갑 …………………………… 85
| さいようしけん 採用試験 채용 시험 ……… 125
| さかな 魚 물고기 …………………………… 64
| さく 咲く 피다 ……………………………… 53
| さくし 作詞 작사 …………………………… 161
| さくひん 作品 작품 ………………………… 47
| サグラダ・ファミリア 사그라다 파밀리아 … 90
| ～させられる (동사 사역 수동형) ………… 166
| ～させる (동사 사역형) …………………… 165
| さそう 誘う 권하다 ………………………… 154
| さっか 作家 작가 …………………………… 26
| サッカー 축구 ……………………………… 17
| サッカーをかんせんする サッカーを観戦する 축구 경기를 관람하다 ……………………… 59
| さっきょく 作曲 작곡 ……………………… 161
| ざっし 雑誌 잡지 …………………………… 35
| さびしい 쓸쓸하다 ………………………… 47
| サプライズ 서프라이즈 …………………… 85
| さぼる 게으름 피우다, (수업을) 빼먹다, 땡땡이 치다 ……………………………………… 173
| さむい 寒い 춥다 …………………………… 59
| ～さん ～씨 ………………………………… 88
| さんかする 参加する 참가하다 …………… 125
| さんがつ 3月 3월 …………………………… 105
| さんじかん 3時間 3시간 …………………… 30
| さんじゅっぷん 30分 30분 ………………… 30
| サンタクロース 산타클로스 ……………… 153

さんにん 三人 세 명 ………………………… 128
ざんねんだ 残念だ 아쉽다 ………………… 76
さんぽ 散歩 산책 …………………………… 35

し

～じ ～時 ～시 ……………………………… 26
しあい 試合 시합 …………………………… 92
しあわせだ 幸せだ 행복하다 ……………… 47
Jポップ 제이팝 …………………………… 59
しかく 資格 자격 …………………………… 118
しかる 叱る 혼내다 ………………………… 153
じかん 時間 시간 …………………………… 26
じけん 事件 사건 …………………………… 135
じこ 事故 사고 ……………………………… 135
しごと 仕事 일 ……………………………… 149
しごとする 仕事する 일하다 ……………… 143
じしょ 辞書 사전 …………………………… 23
じしんがつく 自信がつく 자신감이 생기다 … 173
しずかだ 静かだ 조용하다 ………………… 17
じぞくりょく 持続力 지속력, 계속해 나가는 능력 … 173
した 下 밑, 아래 …………………………… 15
しちじかん 7時間 7시간 …………………… 30
しちゅうすいめい 四柱推命 사주 …………… 113
じっさいに 実際に 실제로 ………………… 90
しっそだ 質素だ 검소하다 ………………… 85
しつれんする 失恋する 실연 당하다 ……… 113
じてんしゃ 自転車 자전거 ………………… 52
しぬ 死ぬ 죽다 ……………………………… 65
～し～ので ～(이)고 ～(이)기 때문에 …… 130
～(て)しまう ～(해) 버리다, ～(하)고 말다 … 105
します 합니다 ……………………………… 26
しみんセンター 市民センター 시민센터 …… 35

부록 색인 **225**

색인

일본어	한국어	페이지
シャーペン	샤프펜슬	23
しゃいん 社員	사원	171
しゃかいじん 社会人	사회인	135
しゃかいてきもんだい 社会的問題	사회적 문제	135
しゃかいふくし 社会福祉	사회 복지	149
しゃしん 写真	사진	50
しゃちょう 社長	사장	171
シャッター	셔터	50
シャワー	샤워	26
ジャンル	장르, 종류	161
ジュース	주스	82
しゅうがくりょこう 修学旅行	수학 여행	73
しゅうしょくかつどう 就職活動	취업 활동	125
しゅうしょくする 就職する	취직하다	118
しゅうしょくセミナー 就職セミナー	취업 세미나	125
じゆうだ 自由だ	자유롭다	164
しゅうちゅうりょく 集中力	집중력	173
じゅうなんせい 柔軟性	유연성	173
じゅうにかこくご 12ヶ国語	12개국어	152
しゅうまつ 週末	주말	26
じゅぎょう 授業	수업	26
じゅぎょうちゅう 授業中	수업 중	133
じゅく 塾	학원	120
しゅくじつ 祝日	경축일	125
しゅくだい 宿題	숙제	34
じゅけんする 受験する	시험을 보다	125
しゅじんこう 主人公	주인공	161
しゅだいか 主題歌	주제곡	161
しゅつえんしゃ 出演者	출연자	161
じゅっかい 10階	10층	14
しゅつじょうする 出場する	(운동 경기 등에) 나가다, 참가하다	97
しゅつにゅうこくしんさ 出入国審査	출입국심사	73
しゅっぱつする 出発する	출발하다	73
しゅっぱん 出版	출판	152
じゅっぷん 10分	10분	30
しゅみ 趣味	취미	50
しゅやく 主役	주연	161
しゅるい 種類	종류	161
じゅんびする 準備する	준비하다	104
ショー	쇼	96
しょうかいする 紹介する	소개하다	90
しょうがつ 正月	정월	160
しょうがっこう 小学校	초등학교	173
しょうがつやすみ 正月休み	(일본) 신정 휴가	125
じょうぎ 定規	자	23
じょうしきてきだ 常識的だ	상식적이다	135
しょうしゃ 商社	상사	149
しょうしんする 昇進する	승진하다	149
しょうせつ 小説	소설	20
しょうひん 商品	상품	161
しょうらい 将来	장래	119
ジョギング	조깅	35
しょくじ 食事	식사	40
しょくじする 食事する	식사하다	143
しょくどう 食堂	식당	46
じょせい 女性	여성	128
しょっけん 食券	식권	104
しょにち 初日	첫날	68
じょゆう 女優	여배우	161
しる 知る	알다	68
しろい 白い	희다	14
しんがく 進学	진학	173
しんごうをむしする 信号を無視する	신호를 무시하다	

…………………………………………	135	
しんこんりょこう 新婚旅行 신혼 여행 ………	73	
しんせつだ 親切だ 친절하다 ………………	17	
しんぱいだ 心配だ 걱정스럽다 ……………	59	
シンプルだ 심플하다 ………………………	85	
しんぶん 新聞 신문 …………………………	35	
しんゆう 親友 단짝 친구 …………………	85	

す

スーパー 슈퍼마켓 …………………………	14
スイートルーム 스위트룸, 특실 ……………	101
すいえい 水泳 수영 …………………………	173
すいそう 水槽 수조 …………………………	64
すいぞくかん 水族館 수족관 ………………	64
すう 吸う 피우다 ……………………………	122
すうがく 数学 수학 …………………………	55
スカート 치마 ………………………………	128
スカイダイビング 스카이다이빙 …………	101
すきだ 好きだ 좋다, 좋아하다 ……………	17
スキャンダル 스캔들 ………………………	135
スキューバダイビング 스쿠버 다이빙 ……	91
スキル 스킬, 기술 …………………………	149
すごく 굉장히 ………………………………	76
すこし 少し 조금 …………………………	40
すずしい 涼しい 시원하다 ………………	59
スターウォーズ 스타워즈 …………………	68
～ずつ ～씩 …………………………………	128
すっかり 완전히, 푹 ………………………	164
すてきだ 멋지다 ……………………………	47
ストレス 스트레스 …………………………	118
ストレッチ 스트레치 ………………………	35
すばらしい 굉장하다 ………………………	47

スペイン 스페인 ……………………………	90
すべる 미끄러지다 …………………………	113
スポーツジム 헬스클럽 ……………………	35
スポーツちゅうけい スポーツ中継 스포츠 중계 …………………………………………	35
スマートフォン 스마트폰 …………………	59
する 하다 ……………………………………	51
すわる 座る 앉다 …………………………	76

せ

せいかく 性格 성격 …………………………	155
せいがくか 声楽家 성악가 …………………	149
せいざ 星座 별자리 ………………………	113
せいじか 政治家 정치가 ……………………	149
せいしんりょく 精神力 정신력 ……………	73
せいせき 成績 성적 …………………………	45
せかい 世界 세계 ……………………………	152
せかいいさん 世界遺産 세계유산 …………	156
せき 席 좌석 …………………………………	140
セジョンだいおう セジョン大王 세종대왕 ……	154
せだいのさ 世代の差 세대 차이 ……………	135
せっかく 모처럼 ……………………………	164
ぜひ 꼭 ………………………………………	50
せまい 狭い 좁다 …………………………	16
せんじつ 先日 요전날 ……………………	50
せんしゅ 選手 선수 …………………………	146
せんしゅう 先週 지난주 ……………………	40
せんせい 先生 선생님 ……………………	28
ぜんぜん 全然 전혀 ………………………	90
せんたくする 洗濯する 세탁하다 …………	70
せんぱい 先輩 선배 ………………………	71
ぜんぶ 全部 전부 …………………………	118

색인

せんもん 専門 전문	149
せんもんしょ 専門書 전문서적	23
ぜんりょくをあげて 全力をあげて 온 힘을 다 해서	125

そ

そうじ 掃除 청소	47
そうじする 掃除する 청소하다	70
そうしつかん 喪失感 상실감	152
そうぞうせい 創造性 창조성	173
～そうだ ～일(할) 것 같다, ～(아,어) 보이다	130
～そうだ ～다, 라고 한다	155
そうだんする 相談する 의논하다, 상의하다	122
ソウル 서울	69
そこ 거기	17
そして 그리고	26
そつぎょう 卒業 졸업	124
そつぎょうりょこう 卒業旅行 졸업 여행	73
そと 外 밖	15
その～ 그～	42
そのため 그로 인하여, 그 때문에	156
そのつぎに その次に 그 다음에	69
そのなかでも その中でも 그 중에서도	156
そのような 그런	131
そば 옆	14
そぼ 祖母 할머니	54
それから 그리고 나서	26
それで 그래서	26

た

～た (동사 た형)	65
～だ (보통형)	93
タージマハル(インド) 타지마할(인도)	101
タイ 태국	73
ダイエット 다이어트	72
たいかいにでる 大会に出る 대회에 나가다	125
だいがく 大学 대학, 대학교	22
だいがくきょうじゅ 大学教授 대학 교수	149
だいがくせい 大学生 대학생	100
たいくつだ 退屈だ 심심하다	47
だいじょうぶだ 大丈夫だ 괜찮다	140
だいすきだ 大好きだ 매우 좋아하다	59
たいせつだ 大切だ 중요하다, 소중하다	144
たいせつにする 大切にする 소중히 다루다	85
だいたい 대체로	26
たいてい 대체로	26
～たいです ～(하)고 싶습니다	54
たいへんだ 大変だ 힘들다	26
たいりょく 体力 체력	173
たかい 高い 높다	16
たかい 高い 비싸다	16
たくさん 많이	31
タクシー 택시	73
～だけでなく～も ～뿐만 아니라 ～도	155
～だけでも～ ～것만 해도 ～, ～것만이라도 ～	96
～たことがある ～(한) 적이 있다	91
たこやき たこ焼き 다코야키	64
だす 出す 내다	137
たたく 두드리다	153
たつ 経つ 지나다	152
たてもの 建物 건물	90
たなかさん 田中さん 다나카 씨	177
たのしい 楽しい 즐겁다	26

日本語	韓国語	ページ
たのしむ 楽しむ	즐기다	173
たばこ	담배	122
タブレットPC	태블릿 PC	23
たべません 食べません	먹지 않습니다	26
たべもの 食べ物	음식	64
たべる 食べる	먹다	138
たまる	쌓이다	118
ためいきがでる ため息が出る	한숨이 나오다	113
～ために	～(하)기 위해서	120
～たら～	～한 후에～, 만약 ～면～	92
～たり～たりします	～(하)거나 ～(하)거나 합니다, ～(하)기도 하고 ～(하)기도 합니다	67
だれも 誰も	아무도	107
タロット	타로 카드	113
たんいをおとす 単位を落とす	학점을 못 따다, F학점을 받다	113
たんじょうび 誕生日	생일	76
ダンス	댄스	47
たんす	옷장	20
だんたいりょこう 団体旅行	단체 여행	73

ち

日本語	韓国語	ページ
ちいさい 小さい	작다	14
チェジュド	제주도	68
チェックインカウンター	탑승 수속 카운터	73
ちかい 近い	가깝다	16
ちがう 違う	다르다	90
ちかく 近く	근처	15
ちかてつ 地下鉄	지하철	23
ちこくする 遅刻する	지각하다	104
ちち 父	아버지	31
～ちゃん	친밀함을 나타내는 호칭	112

日本語	韓国語	ページ
チャンポン	짬뽕	134
ちゅういする 注意する	주의하다	95
ちゅうがく 中学	중학교	140
ちゅうがっこう 中学校	중학교	173
ちゅうごく 中国	중국	73
ちゅうごくご 中国語	중국어	52
ちゅうし 中止	중지	92
ちゅうしゃする 駐車する	주차하다	129
ちょきん 貯金	저금	101
ちりょく 知力	지력	173

つ

日本語	韓国語	ページ
ツアー	투어	73
ついている	운이 좋다	113
ついてない	운이 나쁘다, 재수 없다	113
つうやくガイド 通訳ガイド	통역 가이드	125
つかれる 疲れる	피곤하다	110
つきあう	사귀다	107
つぎに 次に	다음에	69
つぎのひ 次の日	다음 날	64
つくえ 机	책상	14
つくる 作る	만들다	51
つくる 作る	만들다, 요리하다	76
つくる 造る	만들다	90
～つもりだ	～(할) 생각이다, ～(할) 작정이다	120
つりをする 釣りをする	낚시를 하다	59
つれていく 連れて行く	데리고 가다	79

て

日本語	韓国語	ページ
～て	(동사 て형)	65
～て～	～(하)고～, ～(아/어)서	66

색인

～で ~에서, (으)로 · · · · · 28	～てみたい ~(해)보고 싶다 · · · · · 91
～で ~(해)서~, ~(이)기 때문에~ · · · · · 67	でも 하지만 · · · · · 107
デート 데이트 · · · · · 35	～てもいい ~(해)도 된다 · · · · · 129
テーブル 테이블 · · · · · 14	～てもらいます ~해 받습니다 · · · · · 78
～てあげます ~해 줍니다 · · · · · 78	てれくさい 照れくさい 쑥스럽다 · · · · · 47
ていしゅつする 提出する 제출하다 · · · · · 168	テレビ (テレビジョン의 준말) 텔레비전 · · · · · 15
～ている ~(하)고 있다, ~(아/어) 있다 · · · · · 66	でんきスタンド 電気スタンド 전기 스탠드 · · · · · 23
でかけます 出かけます 외출합니다 · · · · · 47	でんしゃ 電車 전철 · · · · · 73
てがみ 手紙 편지 · · · · · 85	てんすう 点数 점수 · · · · · 118
～てから～ ~(하)고 나서~ · · · · · 66	でんとうこうげい 伝統工芸 전통 공예 · · · · · 161
てきせいにあう 適正に合う 적성에 맞다 · · · · · 149	てんらんかい 展覧会 전람회 · · · · · 47
できる 할 수 있다 · · · · · 142	でんわ 電話 전화 · · · · · 23
テクノ 테크노 · · · · · 59	
～てくれます ~해 줍니다 · · · · · 78	## と
テコンドー 태권도 · · · · · 173	～と～ ~면~ · · · · · 53
デザイナー 디자이너 · · · · · 149	～と～ ~와/과 · · · · · 43
デジカメ (デジタルカメラ의 준말) 디지털 카메라 · · · · · 59	～と～ ~(이)랑 · · · · · 19
～ですが～です ~니다만~니다 · · · · · 18	ドア 문 · · · · · 14
～です (정중형) · · · · · 93	～という ~라고 하는~ · · · · · 68
デスクトップ 데스크톱 · · · · · 23	「～」といいます 「～」と言います ~라고 말합니다 · · · · · 81
てちょう 手帳 수첩 · · · · · 23	～といえば ~라고 하면 · · · · · 153
てづくり 手作り 수제 · · · · · 85	～といっしょに ~와/과 같이 · · · · · 43
てつどう 鉄道 철도 · · · · · 118	とうじょうぐち 搭乗口 탑승구 · · · · · 73
てつやする 徹夜する 밤을 새우다 · · · · · 125	とうじょうけん 搭乗券 탑승권 · · · · · 73
デパート 백화점 · · · · · 35	とうじょうじんぶつ 登場人物 등장인물 · · · · · 152
～てはいけない ~(하)면 안 된다 · · · · · 129	とうちゃくする 到着する 도착하다 · · · · · 64
～ではたらく ~で働く ~에서 일하다 · · · · · 149	どうとんぼり 道頓堀 도톤보리(오사카 지명) · · · · · 64
デビューする 데뷔하다 · · · · · 161	とうろくする 登録する 등록하다 · · · · · 156
～てほしいです ~(해)주기를 바랍니다, ~(해)주었으면 좋겠습니다, ~(했)으면 좋겠습니다 · · · · · 80	とお 十 열 개 · · · · · 121
でます 出ます 나갑니다 · · · · · 26	とおい 遠い 멀다 · · · · · 130
	～とおもう ~と思う ~고 생각한다 · · · · · 94
	～とおもう ~と思う ~하려고 생각한다 · · · · · 119

일본어	한국어	페이지
とおり 通り	길, 거리	66
～とき ～時	～때	50
～とき ～時	～시절, 때	95
どきどきする	두근두근하다	113
とくいだ 得意だ	자신이 있다, 숙달되어 있다	17
どくしょをする 読書をする	독서를 하다	59
とくに 特に	특히, 특별히	50
とくべつだ 特別だ	특별하다	47
とけい 時計	시계	104
ところ 所	곳	17
とざん 登山	등산	101
としょかん 図書館	도서관	28
とつぜん 突然	갑자기	135
とても	매우	40
とても～です	아주 ～ㅂ니다	19
とどく 届く	도착하다	76
となり 隣	옆	14
とまる 泊まる	묵다, 자다	64
ともだち 友だち	친구	22
ドライブをする	드라이브를 하다	59
トラブルがつづく トラブルが続く	트러블이 계속되다	113
ドラマ	드라마	55
トランペット	트럼펫	155
トリュフ	트뤼프, 서양송로	101
どりょくする 努力する	노력하다	118
とる 撮る	찍다	50
とる 取る	꺼내다	69
とる 取る	따다	118
とる 取る	받다	108
トレッキング	트레킹	101
トレンド	트랜드	161
トンカツ	돈가스	46

な

일본어	한국어	페이지
な형용사		17
～ない	(동사 ない형)	51
～ないで	～(하)지 않고, ～(하)지 말고	143
ないていをもらう 内定をもらう	내정을 받다	125
なおる 治る	낫다	134
なか 中	안, 속	14
なかなか	좀처럼	104
～ながら～	～(하)면서～	80
なきました 泣きました	울었습니다	40
なく 泣く	울다	104
～なくてもいい	～(하)지 않아도 된다	129
なくなる	없어지다, 풀리다	140
～(な)ければならない	～(해)야한다, ～(하)지 않으면 안 된다	120
～(な)ことに	～게도	141
～なだけでなく～も	～뿐만 아니라 ～도	155
なつやすみ 夏休み	여름 방학	64
など	등	19
ななつ 七つ	일곱 개	121
なに 何	무엇	115
なによりも 何よりも	무엇보다도	140
なのか(かん) 7日(間)	7일간	30
なのかめ 七日目	일곱째 날	68
～なので	～(이)므로, ～기 때문에	106
～なのに	～(인)데, ～(인)데도, ～(인)데도 불구하고	167
なみだがでる 涙が出る	눈물이 나다	113
～なようだ	～(인/한) 것 같다, ～(인/한) 듯하다	167
ならう 習う	배우다	97

색인

ならぶ 並ぶ 줄을 서다 …………… 64	ニュース 뉴스 …………… 35
なんきょくも 何曲も 여러 곡 …………… 40	にゅういんする 入院する 입원하다 …………… 156
ナムデムンいちば ナムデムン市場 남대문 시장 …………… 68	～によって ～에 의해 …………… 154
なんと 놀랍게도 …………… 76	にんき 人気 인기 …………… 28
なんども 何度も 여러 번, 몇 번이나 …………… 67	にんきがある 人気がある 인기가 있다 …………… 87
	にんたいりょく 忍耐力 인내력 …………… 173

に

～に ～에, ～(으)로 …………… 28	
～にいきます ～に行きます ～러 갑니다 …………… 41	## ぬ
～に～があります ～에 ～이/가 있습니다 …………… 15	ぬいぐるみ 봉제 인형 …………… 14
にがてだ 苦手だ 서투르다 …………… 118	
にぎやかだ 시끌벅적하다, 번화하다 …………… 17	## ね
にく 肉 고기 …………… 158	ネクタイ 넥타이 …………… 78
にじかん 2時間 2시간 …………… 30	ねつ 熱 열 …………… 177
～にじゅうじする ～に従事する ～에 종사하다 …………… 149	ねつききゅう 熱気球 열기구 …………… 101
にじゅっぷん 20分 20분 …………… 30	ねぼうする 寝坊する 늦잠을 자다 …………… 112
にちようび 日曜日 일요일 …………… 40	ねます 寝ます 잡니다 …………… 26
～につとめる ～に勤める ～에 근무하다 …………… 149	ねむい 眠い 졸리다 …………… 47
にどねする 二度寝する 아침에 한번 깼다가 다시 자다 …………… 135	ねる 寝る 자다 …………… 175
～になります ～(하)게 됩니다, ～(해)집니다 …………… 54	～ねんだい ～年代 ～년대 …………… 152
～になる ～이/가 되다 …………… 141	## の
にねん 2年 2년 …………… 107	ノート 노트 …………… 23
にねんせい 2年生 2학년 …………… 140	ノートパソコン 노트북 컴퓨터 …………… 14
にはくみっか 二泊三日 2박 3일 …………… 64	のうりょく 能力 능력 …………… 149
にほんご 日本語 일본어 …………… 14	のがす 逃す (기회를) 놓치다 …………… 113
にほんごがっこう 日本語学校 일본어 학원 …………… 35	～のが～です ～것이/을 ～니다 …………… 52
にほんごのうりょくしけん 日本語能力試験 일본어능력시험 …………… 125	のせる 乗せる 태우다 …………… 128
にほんじん 日本人 일본인 …………… 91	～のために ～을/를 위해서 …………… 120
ニュージーランド 뉴질랜드 …………… 73	～ので ～(이)므로, ～기 때문에 …………… 106
	～のとき ～の時 ～시절, 때 …………… 95
	～のに ～(인)데, (인)데도, (인)데도 불구하고 …………… 167

232

～のは～です ～것은 ～니다 ……………… 52	パソコン PC ……………………………………… 14
のみました 飲みました 마셨습니다 ……… 40	はたらく 働く 일하다 …………………… 56
のりおくれる 乗り遅れる 늦어서 못 타다, 놓치다 ……………………………………… 113	はつおん 発音 발음 ……………………… 159
のりかえる 乗り換える 갈아타다 ……… 73	はっきり 분명히 ………………………… 140
のりかた 乗り方 타는 방법 …………… 128	はっこうぶすう 発行部数 발행부수 … 152
のりもの 乗り物 놀이기구 ……………… 64	はっぴょう 発表 발표 …………………… 137
のる 乗る 타다 …………………………… 52	はっぴょうする 発表する 발표하다 … 104
ノルウェイのもり ノルウェイの森 노르웨이의 숲 ……………………………………… 152	はでだ 派手だ 화려하다 ………………… 85
	はな 花 꽃 ………………………………… 53
	はなし 話 이야기 ………………………… 115
## は	はなす 話す 이야기하다, 말하다 ……… 52
	はなたば 花束 꽃다발 …………………… 82
は 歯 이 ……………………………………… 31	～は～にあります ～은/는 ～에 있습니다 … 15
パーティー 파티 ………………………… 46	はは 母 어머니 …………………………… 51
ハードスケジュール 하드 스케줄, 빡빡한 스케줄 ……………………………………… 125	はやい 早い (시기, 시각이) 이르다 …… 59
バイクにのる バイクに乗る 바이크를 타다 … 59	はやく 早く 일찍 ………………………… 129
はいゆう 俳優 배우 ……………………… 149	バラード 발라드 ………………………… 59
はいる 入る 들어가다 …………………… 129	はらう 払う 지불하다 …………………… 104
パイロット 조종사 ……………………… 146	バラエティーばんぐみ バラエティー番組 버라이어티 프로그램 …………………………… 35
はく 입다 ………………………………… 128	はらがたつ 腹が立つ 화나다 ………… 113
はこ 箱 상자 ……………………………… 76	はたらきます 働きます 일합니다 ……… 26
はじめて 初めて 처음 …………………… 140	パラグライダー 패러글라이더 ………… 101
はじめての～ 初めての～ 첫～ ………… 64	ハリーポッター 해리 포터 …………… 160
はじめる 始める 시작하다 ……………… 50	はる 春 봄 ………………………………… 53
はしる 走る 달리다 ……………………… 70	バレエ 발레 ……………………………… 173
はじをかく 恥をかく 창피를 당하다 … 113	バレンタインデー 밸런타인데이 ……… 85
バス 버스 ………………………………… 26	はん 半 반 ………………………………… 26
はずかしい 恥ずかしい 창피하다 ……… 40	ハンググライダー 행글라이더 ………… 101
バスてい バス停 버스 정류장 …………… 23	ばんぐみ 番組 프로그램 ………………… 90
パスポート 여권 ………………………… 73	ハングル 한글 …………………………… 154
はずれる 外れる 빗나가다 ……………… 113	ばんごはん 晩ごはん 저녁 식사 ……… 35

부록 색인 **233**

색인

はんざい 犯罪 범죄 ·········· 135
バンジージャンプ 번지 점프 ····· 101
ハンドル 핸들 ··········· 128

ひ

ひ 日 날 ··············· 104
ひ 火 불 ··············· 76
ピアノ 피아노 ············ 97
ピアノきょうしつ ピアノ教室 피아노교실(학원)
························ 164
ピアノをひく ピアノを弾く 피아노를 치다 ··· 59
ひがえりりょこう 日帰り旅行 당일치기 여행 ···· 79
ひく 弾く 치다 ············ 106
ひく 걸리다 ·············· 134
ひくい 低い 낮다 ··········· 16
ビザ 비자 ··············· 73
ひじょうしきだ 非常識だ 비상식적이다 ···· 135
ひだりがわ 左側 왼쪽 ········ 14
ひだりて 左手 왼손 ········· 128
びっくりする 깜짝 놀라다 ······ 72
ひっこし 引っ越し 이사 ········ 101
ひっこす 引っ越す 이사하다 ······ 116
ヒット 히트 ·············· 161
ヒットする 히트하다 ·········· 134
ヒップホップ 힙합 ··········· 59
ひつようだ 必要だ 필요하다 ····· 59
ひと 人 사람 ············· 42
ひとつ 一つ 한 개 ··········· 121
ひとりたび 一人旅 나홀로 여행 ···· 73
ビビンバ 비빔밥 ············ 19
ひまだ 暇だ 한가하다 ········· 17
ひやあせをかく 冷や汗をかく 식은땀을 흘리다
························ 113
びょういん 病院 병원 ········· 23
ひょうか 評価 평가 ·········· 161
びょうき 病気 병 ············ 54
びようせいけい 美容整形 미용 성형 ···· 101
ひょうばん 評判 평판, 소문 ······ 161
ひるごはん 昼ごはん 점심 식사 ···· 35
ひろい 広い 넓다 ··········· 14
ひろい 広い 크다 ··········· 14

ふ

プール 수영장 ············ 35
ファーストクラス 일등석 ······· 101
ファーストフードてん ファーストフード店 패스트푸드점
························ 35
ふうけい 風景 풍경 ·········· 50
ふうふ 夫婦 부부 ··········· 85
フェリー 페리 ············· 73
フォアグラ 푸아그라, 거위의 간 ··· 101
ぶか 部下 부하 ············ 165
フカヒレ 상어 지느러미 ······· 101
ふきけす 吹き消す 불어서 끄다 ···· 76
ふく 服 옷 ··············· 43
ふく 吹く 불다 ············ 155
ふくがよごれる 服が汚れる 옷이 더러워지다 ··· 113
ふくざつだ 複雑だ 복잡하다 ····· 47
ふくししせつ 福祉施設 복지시설 ···· 35
ふくをつくる 服を作る 옷을 만들다 ···· 59
ふごうかくになる 不合格になる 불합격되다 ···· 125
ふしぎだ 不思議だ 신기하다 ····· 47
ふしぎにおもう 不思議に思う 이상하게(신기하게) 생각하다
························ 135

ぶたい 舞台 무대	152
ふたつ 二つ 두개	121
ふたまたをかける 二股をかける 양다리를 걸치다	135
ふたり 二人 두명	64
ぶちょう 部長 부장	171
ふつかかん 2日(間) 이틀	30
ふつかめ 二日目 둘째 날	68
ふとる 太る 살찌다	108
ふなよい 船酔い 뱃멀미	64
ふね 船 배	64
ふべんだ 不便だ 불편하다	17
ふむ 踏む 밟다	154
ふゆ 冬 겨울	54
ふゆやすみ 冬休み 겨울 방학	111
ふられる 차이다	113
フランス 프랑스	73
フランスご フランス語 프랑스어	158
ブランド 명품	85
ふる 降る 내리다	115
ふる 降る (비가) 오다	92
ふるい 古い 낡다	16
ふるい 古い 오래되다	14
プルコギ 불고기	19
プレゼント 선물	76
プログラマー 프로그래머	149
プロデューサー 프로듀서	149
プロポーズする 청혼하다	85
ふん 分 분	26
ぶんかのさ 文化の差 문화 차이	135
ぶんや 分野 분야	149

へ

~へ ~에, (으)로	28
ペアリング 커플링	85
ベスト3 베스트 3	161
ベストセラー 베스트 셀러	161
へただ 下手だ 서투르다	17
ベッド 침대	14
へや 部屋 방	14
ベルサイユきゅうでん ベルサイユ宮殿(フランス) 베르사유 궁전(프랑스)	101
べんきょう 勉強 공부	26
べんきょうする 勉強する 공부하다	53
べんきょうぶそくだ 勉強不足だ 공부가 부족하다	125
べんごし 弁護士 변호사	149
べんりだ 便利だ 편리하다	17

ほ

ボーカル 보컬	161
ボーナス 보너스	149
ボールペン 볼펜	23
ぼうし 帽子 모자	59
ほかの~ 他の~ 다른~	90
ほしい 가지고 싶다	50
ボタン 버튼	69
ホテル 호텔	73
ほめる 칭찬하다	153
ホラーえいが ホラー映画 공포영화	55
ボランティア 자원봉사	35
ホワイトデー 화이트데이	85
ほん 本 책	14
ほんたて 本立て 책꽂이	14

색인

- ほんだな 本棚 책장 ······ 14
- ほんとうに 本当に 정말로 ······ 64
- ほんやく 翻訳 번역 ······ 152
- ぼんやすみ 盆休み (일본) 추석 연휴 ······ 125

ま

- マウス 마우스 ······ 23
- まえ 前 앞 ······ 14
- ～ます (동사 ます형) ······ 27
- ～ました (동사 과거형) ······ 41
- まじめだ 真面目だ 성실하다, 착실하다 ······ 17
- まず 우선, 먼저 ······ 64
- マスコミ 매스컴 ······ 149
- また 또 ······ 50
- また 또한 ······ 96
- まだ 아직 ······ 50
- マチュピチュ(ペルー) 마추픽추(페루) ······ 101
- まつ 待つ 기다리다 ······ 65
- マッコリ 막걸리 ······ 155
- まつたけ 松茸 송이버섯 ······ 101
- ～まで ～까지 ······ 26
- マナーがいい 매너가 좋다 ······ 135
- マネージャー 매니저 ······ 149
- まわり 周り 주위 ······ 90
- まわる 回る 돌아보다 ······ 90
- まんが 만화 ······ 35
- マンション 맨션(한국의 고층 아파트에 해당함) ······ 14
- まんなか 真ん中 한가운데 ······ 14
- ～まんぶ ～万部 ～만 부 ······ 152

み

- みがきます 磨きます 닦습니다 ······ 31
- みぎがわ 右側 오른쪽 ······ 14
- みぎて 右手 오른손 ······ 128
- みじかい 短い 짧다 ······ 128
- みずから 自ら 스스로 ······ 173
- みせ 店 가게 ······ 34
- みせいねん 未成年 미성년 ······ 135
- みち 道 도로, 길 ······ 104
- みちにまよう 道に迷う 길을 잃다 ······ 73
- みちをきく 道を聞く 길을 묻다 ······ 73
- みっかかん 3日(間) 사흘 ······ 30
- みっかめ 三日目 셋째 날 ······ 64
- みっつ 三つ 세가지 ······ 118
- みっつ 三つ 세개 ······ 121
- みにつける 身につける 몸에 익히다 ······ 173
- みます 見ます 봅니다 ······ 27
- ミュージカル 뮤지컬 ······ 47
- ミリオンセラー 밀리언 셀러 ······ 161
- みりょく 魅力 매력 ······ 152
- みる 見る 보다 ······ 51
- みんしゅく 民宿 민박 ······ 73

む

- むいかかん 6日(間) 엿새 ······ 30
- むいかめ 六日目 여섯째 날 ······ 68
- むかつく 화가 치밀다 ······ 113
- ムクゲ 무궁화 ······ 160
- むずかしい 難しい 어렵다 ······ 26
- むすこ 息子 아들 ······ 141
- むだだ 無駄だ 쓸데없다 ······ 47
- むちゅうになる 夢中になる 열중하게 되다 ······ 164
- むっつ 六つ 여섯 개 ······ 121
- むなしい 헛되다 ······ 113

め

일본어	한국어	페이지
むりに 無理に	억지로, 강제로	173
メール	메일	70
めいさく 名作	명작	161
めいじん 名人	명인	161
めいぜりふ 名ぜりふ	명대사	161
めいわくをかける 迷惑をかける	폐를 끼치다	135
めがさめる 目が覚める	잠이 깨다	76
めずらしい 珍しい	드물다, 희귀하다	47
メッセージ	메시지	76
めんぜいてん 免税店	면세점	73
めんせつをうける 面接を受ける	면접을 보다	125

も

もくひょう 目標	목표	125
もし	만약	92
もつ 持つ	잡다	128
もっと	더	50
モデル	모델	149
モニター	모니터	23
ものがたり 物語	이야기	161
もらいます	받습니다	77
もんだいしゅう 問題集	문제집	23

や

~や~	~와(과), ~(이)랑	19
やきにくや 焼き肉屋	불고기집	35
やきゅう 野球	야구	146
やくそく 約束	약속	107
やくそくのじかん 約束の時間	약속시간	116
やくそくをします 約束をします	약속을 합니다	
やさい 野菜	채소	124
やすい 安い	싸다	16
やすみ 休み	휴가	118
やすみのひ 休みの日	휴일	67
やせる	살이 빠지다	72
やたい 屋台	포장마차	35
やっつ 八つ	여덟 개	121
やま 山	산	160
やまのぼり 山登り	등산	35
やめる 止める	그만두다	134
やりがいがある	보람이 있다	149
やるきがある やる気がある	할 마음(의지)이 있다	173
やるきがない やる気がない	할 마음(의지)이 없다	173

ゆ

ゆうびんきょく 郵便局	우체국	23
ゆうめいだ 有名だ	유명하다	17
ゆかいだ 愉快だ	유쾌하다	47
ゆき 雪	눈	47
ゆきまつり 雪祭り	눈 축제	41
ゆたかだ 豊かだ	풍부하다	173
ゆっくり	천천히	90
ゆっくりやすみます ゆっくり休みます	푹 쉽니다	47
ユニバーサルスタジオ	유니버설 스튜디오	64
ゆびわ 指輪	반지	80
ゆめ 夢	꿈	140

색인

よ

ヨーロッパ 유럽		98
～よう (동사 의지형)		119
ようがく 洋楽 서양 음악		59
～(の)ようだ ～(인/한) 것 같다, ～(인/한) 듯하다		167
ようちえん 幼稚園 유치원		173
～ようになる ～(하)게 되다		143
ヨガ 요가		35
よく 자주		50
よこ 横 옆		15
よじかん 4時間 4시간		30
よっか 4日 4일		26
よっか(かん) 4日(間) 나흘		30
よっかめ 四日目 넷째 날		68
よっつ 四つ 네개		121
ヨット 요트		101
よてい 予定 예정		104
～よていだ 予定だ ～(할) 예정이다		105
よふかしする 夜更かしする 밤 늦게까지 깨어 있다		135
よみます 読みます 읽습니다		26
よむ 読む 읽다		51
よやくする 予約する 예약하다		73
よゆうがある 余裕がある 여유가 있다		125
よる 夜 밤		26
よろこぶ 喜ぶ 기뻐하다		85
よんじゅっぷん 40分 40분		30

ら

ラーメン 라면		56
らいげつ 来月 다음 달		157
らいしゅう 来週 다음 주		111
らいねん 来年 내년		120
ラッキーだ 럭키다, 행운이다		113
ラップ 랩		59
～(ら)れる (동사 가능형)		142
～(ら)れる (동사 수동형)		153
ランキング 랭킹		161

り

リズムかん リズム感 리듬감		173
りっぱだ 立派だ 훌륭하다		64
リムジン 리무진		101
りゅうがくする 留学する 유학하다		116
りゅうこう 流行 유행		161
りゅうつう 流通 유통		149
りょう 寮 기숙사		17
りょうり 料理 요리		14
りょうりする 料理する 요리하다		116
りょかん 旅館 여관		73
りょこう 旅行 여행		64
りょこうする 旅行する 여행하다		59
りれきしょ 履歴書 이력서		125

る

ルールをまもる ルールを守る 규칙을 지키다		135

れ

れいぎただしい 礼儀正しい 예의 바르다		135
れいてん 0点 빵점		108
レジャースポーツ 레저 스포츠		101
レストラン 레스토랑		35
レポート 리포트		71
れんあい 恋愛 연애		47

| れんきゅう 連休 연휴 | 125 |
| れんしゅうする 練習する 연습하다 | 50 |

ろ

ろうじんホーム 老人ホーム 양로원, 노인요양시설	
	40
ろうそく 초	76
ろくじかん 6時間 6시간	30
ロック 록	50
ロッククライミング 록 클라이밍, 암벽 등반	101
ロックバンド 록 밴드	161
ロッテワールド 롯데월드	46
ロマンチックだ 로맨틱하다	85

わ

ワイン 와인	85
わかめスープ 미역국	76
わかもの 若者 젊은이	152
わかれる 別れる 헤어지다	107
わきやく 脇役 조연	161
わすれる 忘れる 잊다	108
わだい 話題 화제	135
わたし 私 저	14
わたす 渡す 건네주다	85
わたる 渡る 건너다	104
わるい 悪い 나쁘다	16
ワンルーム 원룸	23

を

～を ～을/를	28
～をきっかけに ～을/를 계기로	144
～をめざす ～を目指す ～을/를 지향하다	125

외국어 출판 40년의 신뢰
외국어 전문 출판 그룹
동양북스가 만드는 책은 다릅니다.

40년의 쉼 없는 노력과 도전으로 책 만들기에 최선을 다해온 동양북스는
오늘도 미래의 가치에 투자하고 있습니다.
대한민국의 내일을 생각하는 도전 정신과 믿음으로 최선을 다하겠습니다.

📖 동양북스 추천 교재

일본어 교재의 최강자, 동양북스 추천 교재

회화 코스북

일본어뱅크 다이스키
STEP 1·2·3·4·5·6·7·8

일본어뱅크
좋아요 일본어 1·2·3·4·5·6

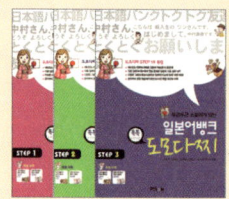
일본어뱅크 도모다찌
STEP 1·2·3

분야서

일본어뱅크
좋아요 일본어 독해 STEP 1·2

일본어뱅크
일본어 작문 초급

일본어뱅크
사진과 함께하는
일본 문화

일본어뱅크
항공 서비스 일본어

가장 쉬운 독학
일본어 현지회화

수험서

일취월장 JPT
독해·청해

일취월장 JPT
실전 모의고사 500·700

일단 합격하고 오겠습니다
JLPT 일본어능력시험
N1·N2·N3·N4·N5

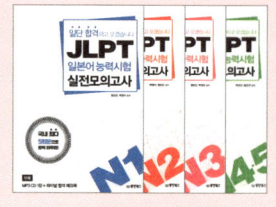
일단 합격하고 오겠습니다
JLPT 일본어능력시험
실전모의고사 N1·N2·N3·N4/5

단어·한자

특허받은
일본어 한자 암기박사

일본어 상용한자 2136
이거 하나면 끝!

일본어뱅크
좋아요 일본어 한자

가장 쉬운 독학
일본어 단어장

일단 합격하고 오겠습니다
JLPT 일본어능력시험
단어장 N1·N2·N3

중국어 교재의 최강자, 동양북스 추천 교재

중국어뱅크 북경대학 신한어구어
1·2·3·4·5·6

중국어뱅크 스마트중국어
STEP 1·2·3·4

중국어뱅크 집중중국어
STEP 1·2·3·4

중국어뱅크
뉴! 버전업 사진으로
보고 배우는 중국문화

중국어뱅크
문화중국어 1·2

중국어뱅크
관광 중국어 1·2

중국어뱅크
여행실무 중국어

중국어뱅크
호텔 중국어

중국어뱅크
판매 중국어

중국어뱅크
항공 실무 중국어

정반합 新HSK
1급·2급·3급·4급·5급·6급

일단 합격 新HSK 한 권이면 끝
3급·4급·5급·6급

버전업! 新HSK
VOCA 5급·6급

가장 쉬운 독학
중국어 단어장

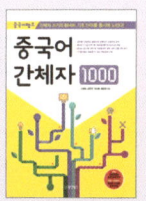

중국어뱅크
중국어 간체자 1000

특허받은
중국어 한자 암기박사

동양북스 추천 교재

기타외국어 교재의 최강자, 동양북스 추천 교재

중고급 학습

첫걸음 끝내고 보는 프랑스어 중고급의 모든 것 | 첫걸음 끝내고 보는 스페인어 중고급의 모든 것 | 첫걸음 끝내고 보는 독일어 중고급의 모든 것 | 첫걸음 끝내고 보는 태국어 중고급의 모든 것 | 첫걸음 끝내고 보는 베트남어 중고급의 모든 것

단어장

버전업! 가장 쉬운 프랑스어 단어장 | 버전업! 가장 쉬운 스페인어 단어장 | 버전업! 가장 쉬운 독일어 단어장 | 가장 쉬운 독학 베트남어 단어장

여행 회화

     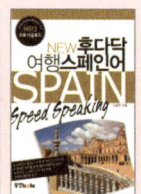  

NEW 후다닥 여행 중국어 | NEW 후다닥 여행 일본어 | NEW 후다닥 여행 영어 | NEW 후다닥 여행 독일어 | NEW 후다닥 여행 프랑스어 | NEW 후다닥 여행 스페인어 | NEW 후다닥 여행 베트남어 | NEW 후다닥 여행 태국어

수험서 · 교재

한 권으로 끝내는 DELE 어휘·쓰기·관용구편 (B2~C1) | 수능 기초 베트남어 한 권이면 끝! | 버전업! 스마트 프랑스어 | 일단 합격하고 오겠습니다 독일어능력시험 A1·A2·B1·B2